은혜를 쓰다

내 영혼을 위한 말씀 필사, 은혜를 쓰다

엮은이 넥서스크로스 성경팀
펴낸이 김명식
펴낸곳 (주)넥서스

초판 1쇄 발행 2016년 2월 25일
초판 2쇄 발행 2016년 2월 29일

출판신고 1992년 4월 3일 제311-2002-2호
04044 서울시 마포구 양화로 8길 24
Tel (02)330-5500 Fax (02)330-5555

ISBN 979-11-5752-624-6 03230

가격은 뒤표지에 있습니다.
잘못 만들어진 책은 구입처에서 바꾸어드립니다.

www.nexusbook.com
넥서스CROSS는 (주)넥서스의 기독 브랜드입니다.

내 영혼을 위한 말씀 필사

은혜를 쓰다

넥서스CROSS

들어가는 글

꽃잎이 다 떨어진 것 같은, 은혜가 다 사라진 것 같은 그런 날이 있습니다. 하나님을 믿는 사람에게도 그런 날이 있습니다. 어떨 때에는 믿음이 없어서 그런 날이 찾아온 것 같기도 하고, 어떨 때에는 제대로 믿고 있어서 그런 날이 찾아온 것 같기도 합니다.

그런 날, 평소처럼 성경 읽기나 묵상은 잘되지 않지요. 기도조차 쉽지 않은 날이니까요. 하나님과의 거리가 너무 멀어서 무엇부터 해야 할지 암담할 정도입니다. 머리로는 무엇을 해야 하고 무엇을 그만두어야 하는지 알지만 몸과 마음은 따라주지 않습니다.

어떤 일이 생겨서일 수도 있고, 딱히 특별한 일이 없는데도 그럴 수 있습니다. 왜 하나님이 멀게 느껴지는 걸까요. 왜 어제의 은혜가 오늘까지 이어지지 않는 걸까요. 어제의 은혜가 왜 이렇게 옛일처럼 느껴지는 걸까요.

믿음의 선진들에게 그런 날이 없었을까요? 잘 알다시피 숱한 나날들이 고난의 연속이었습니다. 그들은 우리의 고통과 고난보다 더한 것을 겪었지만, 하나님으로 인하여 멋지게 이겨냈습니다. 그런데 그런 이야기들이 우리를 위로하지 못할 때도 있습니다. 우리는 더 하찮은 문제와 상황 속에 있음에도 더 힘들고 곤고하게 보내는 것 같기 때문입니다.

누구에게도 말할 수 없는 곤고한 날이 있습니다. 이해할 수 없고 감당하기 버거운 그런 날입니다. 그런 날 1부 '곤고한 날의 말씀'을 펼쳐 보십시오. 어느 부분이든 상관없습니다.

때때로 형통한 날이 있습니다. 그냥 흘려보내고 마는 날들이 있습니다. 쉬이 그런 날은 어제가 되어 버리고 오늘로 이어지지 않습니다. 그런 날 2부 '형통한 날의 말씀'을 펼쳐 보십시오. 어느 부분이든 상관없습니다.

하나님은 지금 내게 말씀하고 계십니다.
또한 아주 가까이 계십니다.
내가 인지하든 그러지 못하든, 느끼든 그러지 못하든.

하나님께서 내게 어떤 말씀을 하고 계신지 찬찬히 살피며 따라가 보십시오.
말씀에 머물러 보십시오.
충분히 머물러 보십시오.

이 책이 말씀에 머물도록 도와줄 것입니다.

✣ 이 책의 활용법

1. 왼쪽에는 필사 본문인 개역개정 성경과, 성경 이해를 돕기 위해 새번역 성경을 함께 두었습니다.
2. 오른쪽은 성경을 필사할 수 있게 구성하였습니다.
   왼쪽 본문을 따라서 편안하고 자유롭게, 그러나 뜻을 새기며 필사하십시오.
3. 본문성경은 그리스도인이라면 꼭 새겨야 할 말씀으로 구성하였습니다.
   1부는 곤고할 때, 2부는 형통할 때 사용하십시오.
4. 중간중간 '묵상하기'를 두었습니다. 해당 본문의 이해와 묵상을 돕기 위함입니다.

1부

곤고한 날의 말씀

전도서 7:14

형통한 날에는 기뻐하고 곤고한 날에는 되돌아보아라
이 두 가지를 하나님이 병행하게 하사
사람이 그의 장래 일을 능히 헤아려 알지 못하게 하셨느니라

새번역 좋은 때에는 기뻐하고, 어려운 때에는 생각하여라. 하나님은 좋은 때도 있게 하시고, 나쁜 때도 있게 하신다. 그러기에 사람은 제 앞일을 알지 못한다.

요한복음 4:14

내가 주는 물을 마시는 자는 영원히 목마르지 아니하리니
내가 주는 물은 그 속에서 영생하도록 솟아나는 샘물이 되리라

새번역 그러나 내가 주는 물을 마시는 사람은, 영원히 목마르지 아니할 것이다. 내가 주는 물은, 그 사람 속에서, 영생에 이르게 하는 샘물이 될 것이다.

고린도전서 1:18

십자가의 도가 멸망하는 자들에게는 미련한 것이요
구원을 받는 우리에게는 하나님의 능력이라

새번역 십자가의 말씀이 멸망할 자들에게는 어리석은 것이지만, 구원을 받는 사람인 우리에게는 하나님의 능력입니다.

묵상하기

우리의 삶 속에서 주어진 모든 날들을 어떻게 지혜롭게 보낼 수 있을까요? 전도서의 전도자가 제시하는 방법은 '형통한 날에는 기뻐하고 곤고한 날에는 되돌아보는 것'입니다(전 7:14). 주어진 날들을 그 모습 그대로 받아들이라는 조언이지요. 왜냐하면 우리에게 주어진 모든 날은 하나님이 주신 것이기 때문입니다. 또한 하나님은 이 모든 일을 다 사용하여 '선'을 이루어 가시기 때문입니다(롬 8:28).

전도서 7:14

요한복음 4:14

고린도전서 1:18

시편 27:4 **내가 여호와께 바라는 한 가지 일 그것을 구하리니**
곧 내가 내 평생에 여호와의 집에 살면서
여호와의 아름다움을 바라보며 그의 성전에서 사모하는 그것이라

새번역 주님, 나에게 단 하나의 소원이 있습니다. 나는 오직 그 하나만 구하겠습니다. 그것은 한평생 주님의 집에 살면서 주님의 자비로우신 모습을 보는 것과, 성전에서 주님과 의논하면서 살아가는 것입니다.

마태복음 6:27 **너희 중에 누가 염려함으로 그 키를 한 자라도 더할 수 있겠느냐**

새번역 너희 가운데서 누가, 걱정을 해서, 자기 수명을 한순간인들 늘일 수 있느냐?

마태복음 10:30 **너희에게는 머리털까지 다 세신 바 되었나니**

새번역 아버지께서는 너희의 머리카락까지도 다 세어 놓고 계신다.

마태복음 10:31 **두려워하지 말라 너희는 많은 참새보다 귀하니라**

새번역 그러니 두려워하지 말아라. 너희는 많은 참새보다 더 귀하다.

시편 27:4

마태복음 6:27

마태복음 10:30

마태복음 10:31

창세기 9:13

내가 내 무지개를 구름 속에 두었나니
이것이 나와 세상 사이의 언약의 증거니라

새번역 바로 무지개이다. 내가 무지개를 구름 속에 둘 터이니,
이것이 나와 땅 사이에 세우는 언약의 표가 될 것이다.

스바냐 3:17

너의 하나님 여호와가 너의 가운데에 계시니
그는 구원을 베푸실 전능자이시라 그가 너로 말미암아
기쁨을 이기지 못하시며 너를 잠잠히 사랑하시며
너로 말미암아 즐거이 부르며 기뻐하시리라 하리라

새번역 주 너의 하나님이 너와 함께 계신다. 구원을 베푸실 전능하신 하나님이시다.
너를 보고서 기뻐하고 반기시고, 너를 사랑으로 새롭게 해주시고
너를 보고서 노래하며 기뻐하실 것이다.

고린도후서 5:17

그런즉 누구든지 그리스도 안에 있으면 새로운 피조물이라
이전 것은 지나갔으니 보라 새 것이 되었도다

새번역 누구든지 그리스도 안에 있으면, 그는 새로운 피조물입니다.
옛 것은 지나갔습니다. 보십시오, 새 것이 되었습니다.

창세기 9:13

스바냐 3:17

고린도후서 5:17

고린도후서 5:20 그러므로 우리가 그리스도를 대신하여 사신이 되어
하나님이 우리를 통하여 너희를 권면하시는 것같이
그리스도를 대신하여 간청하노니 너희는 하나님과 화목하라

새번역 그러므로 우리는 그리스도의 사절입니다. 하나님께서는 우리를 시켜서 여러분에게 권고하십니다. 우리는 그리스도를 대리하여 간청합니다. 여러분은 하나님과 화해하십시오.

고린도후서 5:21 하나님이 죄를 알지도 못하신 이를 우리를 대신하여
죄로 삼으신 것은 우리로 하여금
그 안에서 하나님의 의가 되게 하려 하심이라

새번역 하나님께서는 죄를 모르시는 분에게 우리 대신으로 죄를 씌우셨습니다. 그것은 우리가 그리스도 안에서 하나님의 의가 되게 하시려는 것입니다.

시편 42:1 하나님이여 사슴이 시냇물을 찾기에 갈급함같이
내 영혼이 주를 찾기에 갈급하니이다

새번역 하나님, 사슴이 시냇물 바닥에서 물을 찾아 헐떡이듯이, 내 영혼이 주님을 찾아 헐떡입니다.

고린도후서 5:20

고린도후서 5:21

시편 42:1

히브리서 13:8

예수 그리스도는 어제나 오늘이나 영원토록 동일하시니라

새번역 예수 그리스도께서는 어제나 오늘이나 영원히 한결같은 분이십니다.

시편 103:10

우리의 죄를 따라 우리를 처벌하지는 아니하시며
우리의 죄악을 따라 우리에게 그대로 갚지는 아니하셨으니

새번역 우리 죄를, 지은 그대로 갚지 않으시고
우리 잘못을, 저지른 그대로 갚지 않으신다.

전도서 3:1

범사에 기한이 있고 천하만사가 다 때가 있나니

새번역 모든 일에는 다 때가 있다. 세상에서 일어나는 일마다 알맞은 때가 있다.

요한일서 3:1

보라 아버지께서 어떠한 사랑을 우리에게 베푸사
하나님의 자녀라 일컬음을 받게 하셨는가, 우리가 그러하도다
그러므로 세상이 우리를 알지 못함은 그를 알지 못함이라

새번역 아버지께서 우리에게 얼마나 큰 사랑을 베푸셨는지를 생각해 보십시오.
하나님께서 우리를 자기의 자녀라 일컬어 주셨으니 우리는 하나님의 자녀입니다.
세상이 우리를 알지 못하는 까닭은 하나님을 알지 못하기 때문입니다.

히브리서 13:8

시편 103:10

전도서 3:1

요한일서 3:1

시편 121:1 내가 산을 향하여 눈을 들리라 나의 도움이 어디서 올까

새번역 내가 눈을 들어 산을 본다. 내 도움이 어디에서 오는가?

히브리서 2:18 그가 시험을 받아 고난을 당하셨은즉
시험 받는 자들을 능히 도우실 수 있느니라

새번역 그는 몸소 시험을 받아서 고난을 당하셨으므로,
시험을 받는 사람들을 도우실 수 있습니다

시편 141:1 여호와여 내가 주를 불렀사오니
속히 내게 오시옵소서 내가 주께 부르짖을 때에
내 음성에 귀를 기울이소서

새번역 주님, 내가 주님을 부르니, 내게로 어서 와 주십시오.
주님께 부르짖는 내 음성에 귀를 기울여 주십시오.

묵상하기

하나님의 백성에게 고난은 하나님의 인자하심과 하나님이 베푸시는 기적을 경험할 수 있는 기회가 됩니다. 고난 중에 하나님께 부르짖으면, 감사와 찬양의 제목을 얻게 될 것입니다. 우리의 흔한 오해 중 하나는 하나님께 불평이나 탄식과 같은 고백을 해서는 안 된다는 것입니다. 그러나 성경에는 이러한 고백이 담겨 있습니다. 특별히 탄식시는 시편의 3분의 1이 넘지요. 하나님을 향한 탄식과 대적을 향한 저주가 기록된 시들은 우리가 이런 일로 인해 죄에 빠지는 것을 막아줍니다.

시편 121:1

히브리서 2:18

시편 141:1

잠언 4:23

모든 지킬 만한 것 중에 더욱 네 마음을 지키라
생명의 근원이 이에서 남이니라

새번역 그 무엇보다도 너는 네 마음을 지켜라.
그 마음이 바로 생명의 근원이기 때문이다.

누가복음 18:27

이르시되 무릇 사람이 할 수 없는 것을 하나님은 하실 수 있느니라

새번역 예수께서 말씀하셨다. "사람은 할 수 없는 일이라도, 하나님은 하실 수 있다."

룻기 2:12

여호와께서 네가 행한 일에 보답하시기를 원하며
이스라엘의 하나님 여호와께서 그의 날개 아래에 보호를 받으러 온
네게 온전한 상 주시기를 원하노라

새번역 "댁이 한 일은 주님께서 갚아 주실 것이오. 이제 댁이 주 이스라엘의 하나님의
날개 밑으로 보호를 받으러 왔으니, 그분께서 댁에게 넉넉히 갚아 주실 것이오."

이사야 33:2

여호와여 우리에게 은혜를 베푸소서 우리가 주를 앙망하오니
주는 아침마다 우리의 팔이 되시며 환난 때에 우리의 구원이 되소서

새번역 주님, 우리에게 은혜를 베풀어 주십시오. 우리가 주님을 기다립니다.
아침마다 우리의 능력이 되어 주시고, 어려울 때에 우리의 구원이 되어 주십시오.

잠언 4:23

누가복음 18:27

룻기 2:12

이사야 33:2

로마서 15:4 무엇이든지 전에 기록된 바는 우리의 교훈을 위하여 기록된 것이니
우리로 하여금 인내로 또는 성경의 위로로 소망을 가지게 함이니라

새번역 무엇이든지 전에 기록한 것은, 우리에게 교훈을 주려고 한 것이며,
성경이 주는 인내와 위로로써, 우리로 하여금 소망을 가지게 하려고 한 것입니다.

요한복음 7:37 명절 끝날 곧 큰 날에 예수께서 서서 외쳐 이르시되
누구든지 목마르거든 내게로 와서 마시라

새번역 명절의 가장 중요한 날인 마지막 날에, 예수께서 일어서서,
큰 소리로 말씀하셨다. "목마른 사람은 다 나에게로 와서 마셔라."

열왕기상 2:3 네 하나님 여호와의 명령을 지켜 그 길로 행하여
그 법률과 계명과 율례와 증거를 모세의 율법에 기록된 대로 지키라
그리하면 네가 무엇을 하든지 어디로 가든지 형통할지라

새번역 그리고 너는 주 너의 하나님의 명령을 지키고, 모세의 율법에 기록된 대로,
주님께서 지시하시는 길을 걷고, 주님의 법률과 계명, 주님의 율례와 증거의 말씀을
지켜라. 그리하면, 네가 무엇을 하든지, 어디를 가든지, 모든 일이 형통할 것이다.

묵상하기

열왕기상 2장 3절은 다윗이 그의 아들이자 후계자인 솔로몬에게 남긴 유언 중 일부입니다.

이 말씀은 여호와의 명령을 지켜 행하는 것이 형통의 기준이므로, 이스라엘이 무엇에 힘써야 하는지 잘 보여주고 있습니다. 하나님과 맺은 언약에 있어서 마음을 다하고 성품을 다하여 '그 길'에서 떠나지 않으면 언약의 축복(형통, 왕위의 지속)이 확실히 이루어질 것이라고 다윗은 마지막으로 당부하고 있습니다.

로마서 15:4

요한복음 7:37

열왕기상 2:3

로마서 5:15 그러나 이 은사는 그 범죄와 같지 아니하니
곧 한 사람의 범죄를 인하여 많은 사람이 죽었은즉
더욱 하나님의 은혜와 또한 한 사람 예수 그리스도의 은혜로
말미암은 선물은 많은 사람에게 넘쳤느니라

새번역 그러나 하나님께서 은혜를 베푸실 때에 생긴 일은, 아담 한 사람이
범죄 했을 때에 생긴 일과 같지 않습니다. 한 사람의 범죄로 많은 사람이 죽었으나,
하나님의 은혜와 예수 그리스도 한 사람의 은혜로 말미암은 선물은,
많은 사람에게 더욱더 넘쳐나게 되었습니다.

여호수아 1:8 이 율법책을 네 입에서 떠나지 말게 하며 주야로 그것을 묵상하여
그 안에 기록된 대로 다 지켜 행하라
그리하면 네 길이 평탄하게 될 것이며 네가 형통하리라

새번역 이 율법책의 말씀을 늘 읽고 밤낮으로 그것을 공부하여,
이 율법책에 씌어진 대로, 모든 것을 성심껏 실천하여라.
그리하면 네가 가는 길이 순조로울 것이며, 네가 성공할 것이다.

여호수아 1:9 내가 네게 명령한 것이 아니냐 강하고 담대하라
두려워하지 말며 놀라지 말라 네가 어디로 가든지
네 하나님 여호와가 너와 함께 하느니라

새번역 내가 너에게 굳세고 용감하라고 명하지 않았느냐!
너는 두려워하거나 낙담하지 말아라. 네가 어디로 가든지,
너의 주, 나 하나님이 함께 있겠다.

로마서 5:15

여호수아 1:8

여호수아 1:9

갈라디아서 3:27 누구든지 그리스도와 합하기 위하여 세례를 받은 자는 그리스도로 옷 입었느니라

새번역 여러분은 모두 세례를 받아 그리스도와 하나가 되고, 그리스도를 옷으로 입은 사람들이기 때문입니다.

로마서 5:8 우리가 아직 죄인 되었을 때에 그리스도께서 우리를 위하여 죽으심으로 하나님께서 우리에 대한 자기의 사랑을 확증하셨느니라

새번역 그러나 우리가 아직 죄인이었을 때에, 그리스도께서 우리를 위하여 죽으셨습니다. 이리하여 하나님께서는 우리들에 대한 자기의 사랑을 실증하셨습니다.

예레미야 33:3 너는 내게 부르짖으라 내가 네게 응답하겠고 네가 알지 못하는 크고 은밀한 일을 네게 보이리라

새번역 "네가 나를 부르면, 내가 너에게 응답하겠고, 네가 모르는 크고 놀라운 비밀을 너에게 알려 주겠다."

빌립보서 4:11 내가 궁핍하므로 말하는 것이 아니니라 어떠한 형편에든지 나는 자족하기를 배웠노니

새번역 내가 궁핍해서 이렇게 말하는 것이 아닙니다. 나는 어떤 처지에서도 스스로 만족하는 법을 배웠습니다.

갈라디아서 3:27

로마서 5:8

예레미야 33:3

빌립보서 4:11

여호수아 21:45

여호와께서 이스라엘 족속에게 말씀하신 선한 말씀이
하나도 남음이 없이 다 응하였더라

새번역 주님께서 이스라엘 사람에게 약속하신 모든 선한 말씀이,
하나도 어긋남이 없이 그대로 다 이루어졌다.

로마서 8:23

그뿐 아니라 또한 우리 곧 성령의 처음 익은 열매를 받은 우리까지도
속으로 탄식하여 양자 될 것 곧 우리 몸의 속량을 기다리느니라

새번역 그뿐만 아니라, 첫 열매로서 성령을 받은 우리도 자녀로 삼아 주실 것을,
곧 우리 몸을 속량하여 주실 것을 고대하면서, 속으로 신음하고 있습니다.

시편 1:1

복 있는 사람은 악인들의 꾀를 따르지 아니하며
죄인들의 길에 서지 아니하며 오만한 자들의 자리에 앉지 아니하고

새번역 복 있는 사람은 악인의 꾀를 따르지 아니하며,
죄인의 길에 서지 아니하며, 오만한 자의 자리에 앉지 아니하며,

시편 1:2

오직 여호와의 율법을 즐거워하여 그의 율법을 주야로 묵상하는도다

새번역 오로지 주님의 율법을 즐거워하며, 밤낮으로 율법을 묵상하는 사람이다.

여호수아 21:45

로마서 8:23

시편 1:1

시편 1:2

시편 1:6

무릇 의인들의 길은 여호와께서 인정하시나
악인들의 길은 망하리로다

새번역 그렇다. 의인의 길은 주님께서 인정하시지만, 악인의 길은 망할 것이다.

빌립보서 4:4

주 안에서 항상 기뻐하라 내가 다시 말하노니 기뻐하라

새번역 주님 안에서 항상 기뻐하십시오. 다시 말합니다. 기뻐하십시오.

빌립보서 4:5

너희 관용을 모든 사람에게 알게 하라 주께서 가까우시니라

새번역 여러분의 관용을 모든 사람에게 알리십시오. 주님께서 가까이 오셨습니다.

묵상하기

시편 1편은 의인과 악인의 삶 그리고 삶의 결과를 대조하여 의인의 길이 복 있는 삶이라는 것을 가르치고 있습니다. 의인은 악인(죄인, 오만한 자)과 같지 않으며, 하나님의 가르침을 즐거워하는 사람입니다. 의인은 열매를 맺지만, 악인은 겨와 같기 때문에 열매 맺는 일이 불가능합니다. 이는 생명이 있느냐 없느냐의 차이를 보여주는 것입니다. 하나님의 복을 누리기 위해 필요한 것은 하나님의 뜻이 무엇인지 알기 위해 힘쓰고, 그 뜻대로 사는 것을 즐거워하는 것입니다. 또한 그렇게 사는 삶 자체가 하나님의 '복'이지요.

시편 1:6

빌립보서 4:4

빌립보서 4:5

빌립보서 4:6

아무것도 염려하지 말고 다만 모든 일에 기도와 간구로,
너희 구할 것을 감사함으로 하나님께 아뢰라

새번역 아무것도 염려하지 말고, 모든 일을 오직 기도와 간구로 하고,
여러분이 바라는 것을 감사하는 마음으로 하나님께 아뢰십시오.

빌립보서 4:7

그리하면 모든 지각에 뛰어난 하나님의 평강이
그리스도 예수 안에서 너희 마음과 생각을 지키시리라

새번역 그리하면 사람의 헤아림을 뛰어 넘는 하나님의 평화가
여러분의 마음과 생각을 그리스도 예수 안에서 지켜 줄 것입니다.

빌립보서 4:8

끝으로 형제들아 무엇에든지 참되며 무엇에든지 경건하며
무엇에든지 옳으며 무엇에든지 정결하며
무엇에든지 사랑 받을 만하며 무엇에든지 칭찬 받을 만하며
무슨 덕이 있든지 무슨 기림이 있든지 이것들을 생각하라

새번역 마지막으로, 형제자매 여러분, 무엇이든지 참된 것과, 무엇이든지 경건한 것과,
무엇이든지 옳은 것과, 무엇이든 순결한 것과, 무엇이든 사랑스러운 것과,
무엇이든지 명예로운 것과, 또 덕이 되고 칭찬할 만한 것이면,
이 모든 것을 생각하십시오.

빌립보서 4:6

빌립보서 4:7

빌립보서 4:8

빌립보서 4:9

너희는 내게 배우고 받고 듣고 본 바를 행하라
그리하면 평강의 하나님이 너희와 함께 계시리라

새번역 그리고 여러분은 나에게서 배운 것과 받은 것과 듣고 본 것들을 실천하십시오. 그리하면 평화의 하나님께서 여러분과 함께 하실 것입니다.

빌립보서 4:13

내게 능력 주시는 자 안에서 내가 모든 것을 할 수 있느니라

새번역 나에게 능력을 주시는 분 안에서, 나는 모든 것을 할 수 있습니다.

사무엘상 2:7

여호와는 가난하게도 하시고 부하게도 하시며
낮추기도 하시고 높이기도 하시는도다

새번역 주님은 사람을 가난하게도 하시고, 부유하게도 하시고, 낮추기도 하시고, 높이기도 하신다.

묵상하기

빌립보서 4장 13절 말씀은 신자가 무슨 일을 하든지 믿기만 하면 하나님이 복 주실 거라는 뜻이 아닙니다. 바울 사도는 지금 빌립보 감옥에서 편지를 쓰고 있습니다. 자신이 처한 형편에 상관없이 어떻게 자족할 수 있는지 고백하고 있는 것입니다. "내게 능력 주시는 자 안에서" 즉 능력을 넣어주시는 그리스도 안에서 모든 상황(고난 가운데 있거나 풍요 가운데 있거나)을 견딜 힘이 있다고 말하고 있는 것입니다. 이는 하나님에 대한 온전한 신뢰로 인해 가능했습니다.

빌립보서 4:9

빌립보서 4:13

사무엘상 2:7

에베소서 2:8

너희는 그 은혜에 의하여 믿음으로 말미암아 구원을 받았으니
이것은 너희에게서 난 것이 아니요 하나님의 선물이라

새번역 여러분은 믿음을 통하여 은혜로 구원을 얻었습니다.
이것은 여러분에게서 난 것이 아니요, 하나님의 선물입니다.

에베소서 2:9

행위에서 난 것이 아니니 이는 누구든지 자랑하지 못하게 함이라

새번역 행위에서 난 것이 아닙니다. 그러므로 아무도 자랑할 수 없습니다.

에베소서 2:10

우리는 그가 만드신 바라 그리스도 예수 안에서
선한 일을 위하여 지으심을 받은 자니 이 일은 하나님이
전에 예비하사 우리로 그 가운데서 행하게 하려 하심이니라

새번역 우리는 하나님의 작품입니다. 선한 일을 하게 하시려고,
하나님께서 그리스도 예수 안에서 우리를 만드셨습니다.
하나님께서 이렇게 미리 준비하신 것은,
우리가 선한 일을 하며 살아가게 하시려는 것입니다.

에베소서 2:8

에베소서 2:9

에베소서 2:10

고린도전서 15:10

그러나 내가 나 된 것은 하나님의 은혜로 된 것이니
내게 주신 그의 은혜가 헛되지 아니하여
내가 모든 사도보다 더 많이 수고하였으나 내가 한 것이 아니요
오직 나와 함께 하신 하나님의 은혜로라

새번역 그러나 나는 하나님의 은혜로 오늘의 내가 되었습니다.
나에게 베풀어주신 하나님의 은혜는 헛되지 않았습니다.
나는 사도들 가운데 어느 누구보다도 더 열심히 일하였습니다.
그러나 이렇게 한 것은 내가 아니라, 나와 함께 하신 하나님의 은혜입니다.

야고보서 5:13

너희 중에 고난당하는 자가 있느냐 그는 기도할 것이요
즐거워하는 자가 있느냐 그는 찬송할지니라

새번역 여러분 가운데 고난을 받는 사람이 있습니까? 그런 사람은 기도하십시오.
즐거운 사람이 있습니까? 그런 사람은 찬송하십시오.

이사야 41:10

두려워하지 말라 내가 너와 함께 함이라 놀라지 말라
나는 네 하나님이 됨이라 내가 너를 굳세게 하리라
참으로 너를 도와주리라 참으로 나의 의로운 오른손으로
너를 붙들리라

새번역 내가 너와 함께 있으니, 두려워하지 말아라. 내가 너의 하나님이니, 떨지 말아라.
내가 너를 강하게 하겠다. 내가 너를 도와주고, 내 승리의 오른팔로
너를 붙들어 주겠다.

고린도전서 15:10

야고보서 5:13

이사야 41:10

시편 23:1 여호와는 나의 목자시니 내게 부족함이 없으리로다

새번역 주님은 나의 목자시니, 내게 부족함 없어라.

시편 23:2 그가 나를 푸른 풀밭에 누이시며 쉴 만한 물가로 인도하시는도다

새번역 나를 푸른 풀밭에 누이시며 쉴 만한 물가로 인도하신다.

시편 23:3 내 영혼을 소생시키시고 자기 이름을 위하여
의의 길로 인도하시는도다

새번역 나에게 다시 새 힘을 주시고, 당신의 이름을 위하여 바른 길로 나를 인도하신다.

시편 23:4 내가 사망의 음침한 골짜기로 다닐지라도
해를 두려워하지 않을 것은 주께서 나와 함께 하심이라
주의 지팡이와 막대기가 나를 안위하시나이다

새번역 내가 비록 죽음의 그늘 골짜기로 다닐지라도, 주님께서 나와 함께 계시고,
주님의 막대기와 지팡이로 나를 보살펴 주시니, 내게는 두려움이 없습니다.

시편 23:1

시편 23:2

시편 23:3

시편 23:4

시편 23:5

주께서 내 원수의 목전에서 내게 상을 차려 주시고
기름을 내 머리에 부으셨으니 내 잔이 넘치나이다

새번역 주님께서는, 내 원수들이 보는 앞에서 내게 잔칫상을 차려 주시고,
내 머리에 기름 부으시어 나를 귀한 손님으로 맞아 주시니, 내 잔이 넘칩니다.

시편 23:6

내 평생에 선하심과 인자하심이 반드시 나를 따르리니
내가 여호와의 집에 영원히 살리로다

새번역 진실로 주님의 선하심과 인자하심이 내가 사는 날 동안 나를 따르리니,
나는 주님의 집으로 돌아가 영원히 그 곳에서 살겠습니다.

호세아 14:4

내가 그들의 반역을 고치고 기쁘게 그들을 사랑하리니
나의 진노가 그에게서 떠났음이니라

새번역 내가 그들의 반역하는 병을 고쳐 주고, 기꺼이 그들을 사랑하겠다.
그들에게 품었던 나의 분노가 이제는 다 풀렸다.

묵상하기

고대 근동에서 '목자'는 백성을 다스리는 지도자를 의미했습니다. 즉 다윗은 시편 23편에서 하나님을 왕으로 고백하고 있는 것입니다. 하나님은 이스라엘의 왕이신 목자로서 이스라엘을 먹이시고 보호하십니다. 따라서 이스라엘의 왕은 하나님 나라의 왕의 대리자로서 백성을 먹이고 보호해야 합니다. 이 조건에 합당한 왕이 바로 예수님이십니다. 예수님은 참 이스라엘인 교회의 왕으로서 먹이고 보호하는 데 부족함이 없으십니다.

시편 23:5

시편 23:6

호세아 14:4

디모데후서 3:12 무릇 그리스도 예수 안에서
경건하게 살고자 하는 자는 박해를 받으리라

새번역 그리스도 예수 안에서 경건하게 살려고 하는 사람은
모두 박해를 받을 것입니다.

요한복음 11:25 예수께서 이르시되 나는 부활이요 생명이니
나를 믿는 자는 죽어도 살겠고

새번역 예수께서 마르다에게 말씀하셨다.
"나는 부활이요 생명이니, 나를 믿는 사람은 죽어도 살고,"

요한복음 11:26 무릇 살아서 나를 믿는 자는 영원히 죽지 아니하리니
이것을 네가 믿느냐

새번역 "살아서 나를 믿는 사람은 영원히 죽지 아니할 것이다. 네가 이것을 믿느냐?"

묵상하기

그리스도인에게 필요한 것은 진리의 말씀입니다. 왜냐하면 말씀이 그리스도인의 유일한 규칙이기 때문입니다. 또한 이와 함께 말씀대로, 복음대로 사는 것이 필요합니다. 신자의 삶이 너무나 평온하고 평탄하다면 삶을 돌아볼 필요가 있습니다. 복음대로 경건하게 살고자 하는 자에게는 박해가 따르기 때문입니다(딤후 3:12). 예수님의 말씀대로 사는 것은 쉬운 일이 아닙니다. 자연스럽게 되지 않습니다. 그러나 예수를 따르는 자로서 반드시 해야 하는 것입니다.

디모데후서 3:12

요한복음 11:25

요한복음 11:26

에베소서 1:4

곧 창세전에 그리스도 안에서 우리를 택하사
우리로 사랑 안에서 그 앞에 거룩하고 흠이 없게 하시려고

새번역 하나님은 세상 창조 전에 그리스도 안에서 우리를 택하시고 사랑해 주셔서,
하나님 앞에서 거룩하고 흠이 없는 사람이 되게 하셨습니다.

에베소서 1:5

그 기쁘신 뜻대로 우리를 예정하사
예수 그리스도로 말미암아 자기의 아들들이 되게 하셨으니

새번역 하나님은 하나님의 기뻐하시는 뜻을 따라 예수 그리스도를 통하여
우리를 하나님의 자녀로 삼으시기로 예정하신 것입니다.

민수기 6:24

여호와는 네게 복을 주시고 너를 지키시기를 원하며

새번역 주님께서 당신들에게 복을 주시고, 당신들을 지켜 주시며,

민수기 6:25

여호와는 그의 얼굴을 네게 비추사 은혜 베푸시기를 원하며

새번역 주님께서 당신들을 밝은 얼굴로 대하시고, 당신들에게 은혜를 베푸시며,

민수기 6:26

여호와는 그 얼굴을 네게로 향하여 드사
평강 주시기를 원하노라 할지니라 하라

새번역 주님께서 당신들을 고이 보시어서, 당신들에게 평화를 주시기를 빕니다.

에베소서 1:4

에베소서 1:5

민수기 6:24

민수기 6:25

민수기 6:26

요한복음 3:16 하나님이 세상을 이처럼 사랑하사 독생자를 주셨으니
이는 그를 믿는 자마다 멸망하지 않고 영생을 얻게 하려 하심이라

새번역 하나님께서 세상을 이처럼 사랑하셔서 외아들을 주셨으니,
이는 그를 믿는 사람마다 멸망하지 않고 영생을 얻게 하려는 것이다.

요한복음 10:10 도둑이 오는 것은 도둑질하고 죽이고 멸망시키려는 것뿐이요
내가 온 것은 양으로 생명을 얻게 하고 더 풍성히 얻게 하려는 것이라

새번역 도둑은 다만 훔치고 죽이고 파괴하려고 오는 것뿐이다.
나는, 양들이 생명을 얻고 또 더 넘치게 얻게 하려고 왔다.

누가복음 22:42 아버지여 만일 아버지의 뜻이거든 이 잔을 내게서 옮기시옵소서
그러나 내 원대로 마시옵고 아버지의 원대로 되기를 원하나이다

새번역 "아버지, 만일 아버지의 뜻이면, 내게서 이 잔을 거두어 주십시오.
그러나 내 뜻대로 되게 하지 마시고, 아버지의 뜻대로 되게 하여 주십시오."

묵상하기

요한복음 3장 16절은 기독교 안에서 가장 많이 사용되며 사랑받는 말씀입니다. 이 말씀은 '왜냐하면'으로 시작하여(개역개정에는 생략되어 있음) 영생이 어떻게 주어졌는지 설명합니다. "하나님이 세상을 이처럼 사랑하사" 유대인뿐 아니라 '예수님을 믿는 자마다'(요 3:15) 영생을 주셨습니다. '이처럼'이란 말은 뒤이어 나오는 예수님의 죽음을 일컫는 것으로, 세상을 사랑하셔서 하나님의 '독생자'를 주셨다는 의미입니다. 예수님은 믿는 자들에게 멸망이 아닌 영생을 주시기 위해 단번에 영원한 제물(히 9:28, 10:10)로 드려지셨습니다.

요한복음 3:16

요한복음 10:10

누가복음 22:42

시편 55:1 하나님이여 내 기도에 귀를 기울이시고
내가 간구할 때에 숨지 마소서

새번역 하나님, 내 기도에 귀를 기울여 주십시오. 나의 간구를 외면하지 말아 주십시오.

시편 100:5 여호와는 선하시니 그의 인자하심이 영원하고
그의 성실하심이 대대에 이르리로다

새번역 주님은 선하시며, 그의 인자하심 영원하다. 그의 성실하심 대대에 미친다.

요한복음 15:5 나는 포도나무요 너희는 가지라 그가 내 안에,
내가 그 안에 거하면 사람이 열매를 많이 맺나니
나를 떠나서는 너희가 아무것도 할 수 없음이라

새번역 나는 포도나무요, 너희는 가지이다. 사람이 내 안에 머물러 있고, 내가 그 안에 머물러 있으면, 그는 많은 열매를 맺는다. 너희는 나를 떠나서는 아무것도 할 수 없다.

요한복음 15:6 사람이 내 안에 거하지 아니하면 가지처럼 밖에 버려져 마르나니
사람들이 그것을 모아다가 불에 던져 사르느니라

새번역 사람이 내 안에 머물러 있지 아니하면, 그는 쓸모없는 가지처럼 버림을 받아서 말라 버린다. 사람들이 그것을 모아다가, 불에 던져서 태워 버린다.

시편 55:1

시편 100:5

요한복음 15:5

요한복음 15:6

요한복음 15:7 너희가 내 안에 거하고 내 말이 너희 안에 거하면
무엇이든지 원하는 대로 구하라 그리하면 이루리라

새번역 너희가 내 안에 머물러 있고, 내 말이 너희 안에 머물러 있으면,
너희가 무엇을 구하든지 다 그대로 이루어질 것이다.

요한복음 15:8 너희가 열매를 많이 맺으면 내 아버지께서 영광을 받으실 것이요
너희는 내 제자가 되리라

새번역 너희가 열매를 많이 맺어서 내 제자가 되면,
이것으로 내 아버지께서 영광을 받으실 것이다.

요한복음 15:9 아버지께서 나를 사랑하신 것같이 나도 너희를 사랑하였으니
나의 사랑 안에 거하라

새번역 아버지께서 나를 사랑하신 것과 같이, 나도 너희를 사랑하였다.
너희는 내 사랑 안에 머물러 있어라.

시편 56:3 내가 두려워하는 날에는 내가 주를 의지하리이다

새번역 두려움이 온통 나를 휩싸는 날에도, 나는 오히려 주님을 의지합니다.

요한복음 15:7

요한복음 15:8

요한복음 15:9

시편 56:3

빌립보서 2:5 너희 안에 이 마음을 품으라 곧 그리스도 예수의 마음이니

새번역 여러분 안에 이 마음을 품으십시오.
그것은 곧 그리스도 예수의 마음이기도 합니다.

빌립보서 2:6 그는 근본 하나님의 본체시나
하나님과 동등됨을 취할 것으로 여기지 아니하시고

새번역 그는 하나님의 모습을 지니셨으나,
하나님과 동등함을 당연하게 생각하지 않으시고,

빌립보서 2:7 오히려 자기를 비워 종의 형체를 가지사 사람들과 같이 되셨고

새번역 오히려 자기를 비워서 종의 모습을 취하시고,
사람과 같이 되셨습니다. 그는 사람의 모양으로 나타나셔서,

빌립보서 2:8 사람의 모양으로 나타나사 자기를 낮추시고
죽기까지 복종하셨으니 곧 십자가에 죽으심이라

새번역 자기를 낮추시고, 죽기까지 순종하셨으니, 곧 십자가에 죽기까지 하셨습니다.

빌립보서 2:5

빌립보서 2:6

빌립보서 2:7

빌립보서 2:8

마태복음 24:13 그러나 끝까지 견디는 자는 구원을 얻으리라

새번역 그러나 끝까지 견디는 사람은 구원을 얻을 것이다.

창세기 28:15 내가 너와 함께 있어 네가 어디로 가든지 너를 지키며
너를 이끌어 이 땅으로 돌아오게 할지라 내가 네게 허락한 것을
다 이루기까지 너를 떠나지 아니하리라 하신지라

새번역 내가 너와 함께 있어서, 네가 어디로 가든지 너를 지켜 주며,
내가 너를 다시 이 땅으로 데려 오겠다.
내가 너에게 약속한 것을 다 이루기까지, 내가 너를 떠나지 않겠다.

야고보서 1:2 내 형제들아 너희가 여러 가지 시험을 당하거든
온전히 기쁘게 여기라

새번역 나의 형제자매 여러분, 여러 가지 시험에 빠질 때에,
그것을 더할 나위 없는 기쁨으로 생각하십시오.

야고보서 1:3 이는 너희 믿음의 시련이 인내를 만들어 내는 줄 너희가 앎이라

새번역 여러분은 믿음의 시련이 인내를 낳는다는 것을 알고 있습니다.

마태복음 24:13

창세기 28:15

야고보서 1:2

야고보서 1:3

창세기 1:26 하나님이 이르시되 우리의 형상을 따라 우리의 모양대로
우리가 사람을 만들고 그들로 바다의 물고기와 하늘의 새와 가축과
온 땅과 땅에 기는 모든 것을 다스리게 하자 하시고

새번역 하나님이 말씀하시기를 "우리가 우리의 형상을 따라서, 우리의 모양대로
사람을 만들자. 그리고 그가, 바다의 고기와 공중의 새와 땅 위에 사는
온갖 들짐승과 땅 위를 기어다니는 모든 길짐승을 다스리게 하자" 하시고,

마태복음 11:28 수고하고 무거운 짐 진 자들아 다 내게로 오라
내가 너희를 쉬게 하리라

새번역 수고하며 무거운 짐을 진 사람은 모두 내게로 오너라. 내가 너희를 쉬게 하겠다.

마태복음 11:29 나는 마음이 온유하고 겸손하니 나의 멍에를 메고 내게 배우라
그리하면 너희 마음이 쉼을 얻으리니

새번역 나는 마음이 온유하고 겸손하니, 내 멍에를 메고 나한테 배워라.
그리하면 너희는 마음에 쉼을 얻을 것이다.

마태복음 11:30 이는 내 멍에는 쉽고 내 짐은 가벼움이라

새번역 내 멍에는 편하고, 내 짐은 가볍다.

창세기 1:26

마태복음 11:28

마태복음 11:29

마태복음 11:30

빌립보서 1:6 너희 안에서 착한 일을 시작하신 이가
그리스도 예수의 날까지 이루실 줄을 우리는 확신하노라

새번역 선한 일을 여러분 가운데서 시작하신 분께서
그리스도 예수의 날까지 그 일을 완성하시리라고, 나는 확신합니다.

빌립보서 4:19 나의 하나님이 그리스도 예수 안에서 영광 가운데
그 풍성한 대로 너희 모든 쓸 것을 채우시리라

새번역 나의 하나님께서 자기의 풍성하심을 따라 그리스도 예수 안에 있는 영광으로
여러분에게 필요한 것을 모두 채워 주실 것입니다.

히브리서 4:15 우리에게 있는 대제사장은 우리의 연약함을
동정하지 못하실 이가 아니요 모든 일에 우리와 똑같이
시험을 받으신 이로되 죄는 없으시니라

새번역 우리의 대제사장은 우리의 연약함을 동정하지 못하시는 분이 아닙니다.
그는 모든 점에서 우리와 마찬가지로 시험을 받으셨지만, 죄는 없으십니다.

히브리서 4:16 그러므로 우리는 긍휼하심을 받고 때를 따라 돕는 은혜를
얻기 위하여 은혜의 보좌 앞에 담대히 나아갈 것이니라

새번역 그러므로 우리는 담대하게 은혜의 보좌로 나아갑시다.
그리하여 우리가 자비를 받고 은혜를 입어서, 제때에 주시는 도움을 받도록 합시다.

빌립보서 1:6

빌립보서 4:19

히브리서 4:15

히브리서 4:16

로마서 8:26

이와 같이 성령도 우리의 연약함을 도우시나니
우리는 마땅히 기도할 바를 알지 못하나 오직 성령이 말할 수 없는
탄식으로 우리를 위하여 친히 간구하시느니라

새번역 이와 같이, 성령께서도 우리의 약함을 도와주십니다.
우리는 어떻게 기도해야 할지도 알지 못하지만, 성령께서
친히 이루 다 말할 수 없는 탄식으로, 우리를 대신하여 간구하여 주십니다.

로마서 8:27

마음을 살피시는 이가 성령의 생각을 아시나니
이는 성령이 하나님의 뜻대로 성도를 위하여 간구하심이니라

새번역 사람의 마음을 꿰뚫어 보시는 하나님께서는, 성령의 생각이 어떠한지를
아십니다. 성령께서, 하나님의 뜻을 따라, 성도를 대신하여 간구하시기 때문입니다.

로마서 8:28

우리가 알거니와 하나님을 사랑하는 자 곧 그의 뜻대로
부르심을 입은 자들에게는 모든 것이 합력하여 선을 이루느니라

새번역 하나님을 사랑하는 사람들, 곧 하나님의 뜻대로 부르심을 받은 사람들에게는,
모든 일이 서로 협력해서 선을 이룬다는 것을 우리는 압니다.

로마서 8:26

로마서 8:27

로마서 8:28

요한복음 10:15 아버지께서 나를 아시고 내가 아버지를 아는 것 같으니
나는 양을 위하여 목숨을 버리노라

새번역 그것은 마치, 아버지께서 나를 아시고, 내가 아버지를 아는 것과 같다. 나는 양들을 위하여 내 목숨을 버린다.

요한일서 4:9 하나님의 사랑이 우리에게 이렇게 나타난 바 되었으니
하나님이 자기의 독생자를 세상에 보내심은
그로 말미암아 우리를 살리려 하심이라

새번역 하나님의 사랑이 우리에게 이렇게 드러났으니, 곧 하나님이 자기 외아들을 세상에 보내주셔서 우리로 하여금 그로 말미암아 살게 해주신 것입니다.

요한일서 4:10 사랑은 여기 있으니 우리가 하나님을 사랑한 것이 아니요
하나님이 우리를 사랑하사 우리 죄를 속하기 위하여
화목제물로 그 아들을 보내셨음이라

새번역 사랑은 이 사실에 있으니, 곧 우리가 하나님을 사랑한 것이 아니라, 하나님이 우리를 사랑하셔서, 자기 아들을 보내어 우리의 죄를 위하여 화목제물이 되게 하신 것입니다.

묵상하기

'화목제물'(요일 4:10)로 번역된 헬라어 '힐라스모스'의 기본적인 의미는 '죄로 말미암은 하나님의 진노하심을 제거하는 것'입니다. 하나님의 진노를 제거하기 위해서는 죄를 대속하는 제물 즉 속죄제물을 하나님께 드려야 합니다. 속죄제물이 하나님께 드려진 결과로 하나님의 진노가 거두어져 하나님과 화목할 수 있게 되는 것이지요. 예수님은 바로 그 속죄제물, 화목제물이 되셨습니다. 예수님은 우리를 사랑하셔서 스스로 우리의 죄를 위해 제물이 되셨고, 이로써 우리를 하나님과 화목하게 하셨습니다.

요한복음 10:15

요한일서 4:9

요한일서 4:10

마태복음 5:3 심령이 가난한 자는 복이 있나니 천국이 그들의 것임이요

새번역 마음이 가난한 사람은 복이 있다. 하늘나라가 그들의 것이다.

마태복음 5:4 애통하는 자는 복이 있나니 그들이 위로를 받을 것임이요

새번역 슬퍼하는 사람은 복이 있다. 하나님이 그들을 위로하실 것이다.

마태복음 5:5 온유한 자는 복이 있나니 그들이 땅을 기업으로 받을 것임이요

새번역 온유한 사람은 복이 있다. 그들이 땅을 차지할 것이다.

마태복음 5:6 의에 주리고 목마른 자는 복이 있나니 그들이 배부를 것임이요

새번역 의에 주리고 목마른 사람은 복이 있다. 그들이 배부를 것이다.

마태복음 5:7 긍휼히 여기는 자는 복이 있나니
그들이 긍휼히 여김을 받을 것임이요

새번역 자비한 사람은 복이 있다. 하나님이 그들을 자비롭게 대하실 것이다.

마태복음 5:3

마태복음 5:4

마태복음 5:5

마태복음 5:6

마태복음 5:7

마태복음 5:8 마음이 청결한 자는 복이 있나니 그들이 하나님을 볼 것임이요

새번역 마음이 깨끗한 사람은 복이 있다. 그들이 하나님을 볼 것이다.

마태복음 5:9 화평하게 하는 자는 복이 있나니
그들이 하나님의 아들이라 일컬음을 받을 것임이요

새번역 평화를 이루는 사람은 복이 있다.
하나님이 그들을 자기의 자녀라고 부르실 것이다.

마태복음 5:10 의를 위하여 박해를 받은 자는 복이 있나니
천국이 그들의 것임이라

새번역 의를 위하여 박해를 받은 사람은 복이 있다. 하늘나라가 그들의 것이다.

묵상하기

마태복음 5장에서 말하는 '복'은 일시적이거나 상대적인 행복한 감정이 아니라, 하나님 나라에 속한 사람의 지속적인 상태를 말합니다.

심령이 가난해지면 천국을 받는다는 의미가 아닙니다(마 5:3). 천국은 보상이 아니라 선물이기 때문입니다. '심령이 가난한 자' '애통하는 자' '온유한 자' '의에 주리고 목마른 자' '긍휼히 여기는 자' '마음이 청결한 자' '화평하게 하는 자' '의를 위하여 박해를 받은 자' 이러한 특징을 가진 사람들이 하나님 나라의 시민이 되는 복을 받게 되었다는 뜻입니다.

마태복음 5:8

마태복음 5:9

마태복음 5:10

창세기 3:21

여호와 하나님이 아담과 그의 아내를 위하여
가죽옷을 지어 입히시니라

새번역 주 하나님이 가죽옷을 만들어서, 아담과 그의 아내에게 입혀 주셨다.

요한복음 19:30

예수께서 신 포도주를 받으신 후에 이르시되
다 이루었다 하시고 머리를 숙이니 영혼이 떠나가시니라

새번역 예수께서 신 포도주를 받으시고서, "다 이루었다" 하고
말씀하신 뒤에, 머리를 떨어뜨리시고 숨을 거두셨다.

로마서 5:1

그러므로 우리가 믿음으로 의롭다 하심을 받았으니
우리 주 예수 그리스도로 말미암아 하나님과 화평을 누리자

새번역 그러므로 우리는 믿음으로 의롭다 하심을 받았으므로,
우리 주 예수 그리스도로 말미암아 하나님과 더불어 평화를 누리고 있습니다.

욥기 23:10

그러나 내가 가는 길을 그가 아시나니
그가 나를 단련하신 후에는 내가 순금같이 되어 나오리라

새번역 하나님은 내가 발 한 번 옮기는 것을 다 알고 계실 터이니,
나를 시험해 보시면 내게 흠이 없다는 것을 아실 수 있으련만!

창세기 3:21

요한복음 19:30

로마서 5:1

욥기 23:10

레위기 26:12 나는 너희 중에 행하여 너희의 하나님이 되고
너희는 내 백성이 될 것이니라

새번역 나는 너희 사이에서 거닐겠다. 나는 너희의 하나님이 되고,
너희는 나의 백성이 될 것이다.

로마서 8:37 그러나 이 모든 일에 우리를 사랑하시는 이로 말미암아
우리가 넉넉히 이기느니라

새번역 그러나 우리는 이 모든 일에서 우리를 사랑하여 주신
그분을 힘입어서, 이기고도 남습니다.

로마서 8:38 내가 확신하노니 사망이나 생명이나 천사들이나 권세자들이나
현재 일이나 장래 일이나 능력이나

새번역 나는 확신합니다. 죽음도, 삶도, 천사들도, 권세자들도,
현재 일도, 장래 일도, 능력도,

로마서 8:39 높음이나 깊음이나 다른 어떤 피조물이라도 우리를 우리 주
그리스도 예수 안에 있는 하나님의 사랑에서 끊을 수 없으리라

새번역 높음도, 깊음도, 그밖에 어떤 피조물도, 우리를 우리 주 예수
그리스도 안에 있는 하나님의 사랑에서 끊을 수 없습니다.

레위기 26:12

로마서 8:37

로마서 8:38

로마서 8:39

요한일서 4:16 하나님이 우리를 사랑하시는 사랑을 우리가 알고 믿었노니
하나님은 사랑이시라 사랑 안에 거하는 자는
하나님 안에 거하고 하나님도 그의 안에 거하시느니라

새번역 우리는 하나님이 우리에게 베푸시는 사랑을 알았고, 또 믿었습니다.
하나님은 사랑이십니다. 사랑 안에 있는 사람은 하나님 안에 있고
하나님도 그 사람 안에 계십니다.

시편 139:7 내가 주의 영을 떠나 어디로 가며 주의 앞에서 어디로 피하리이까

새번역 내가 주님의 영을 피해서 어디로 가며,
주님의 얼굴을 피해서 어디로 도망치겠습니까?

로마서 11:33 깊도다 하나님의 지혜와 지식의 풍성함이여,
그의 판단은 헤아리지 못할 것이며 그의 길은 찾지 못할 것이로다

새번역 하나님의 부유하심은 어찌 그리 크십니까? 하나님의 지혜와 지식은
어찌 그리 깊고 깊으십니까? 그 어느 누가 하나님의 판단을 헤아려 알 수 있으며,
그 어느 누가 하나님의 길을 더듬어 찾아낼 수 있겠습니까?

요한일서 4:16

시편 139:7

로마서 11:33

요한복음 1:3

만물이 그로 말미암아 지은 바 되었으니
지은 것이 하나도 그가 없이는 된 것이 없느니라

새번역 모든 것이 그로 말미암아 창조되었으니,
그가 없이 창조된 것은 하나도 없다. 창조된 것은

로마서 8:32

자기 아들을 아끼지 아니하시고
우리 모든 사람을 위하여 내주신 이가
어찌 그 아들과 함께 모든 것을 우리에게 주시지 아니하겠느냐

새번역 자기 아들을 아끼지 않으시고, 우리 모두를 위하여 내주신 분이,
어찌 그 아들과 함께 모든 것을 우리에게 선물로 거저 주지 않으시겠습니까?

마태복음 6:9

그러므로 너희는 이렇게 기도하라
하늘에 계신 우리 아버지여 이름이 거룩히 여김을 받으시오며

새번역 그러므로 너희는 이렇게 기도하여라.
하늘에 계신 우리 아버지, 그 이름을 거룩하게 하여 주시며,

마태복음 6:10

나라가 임하시오며 뜻이 하늘에서 이루어진 것같이
땅에서도 이루어지이다

새번역 그 나라를 오게 하여 주시며, 그 뜻을 하늘에서 이루심같이,
땅에서도 이루어 주십시오.

요한복음 1:3

로마서 8:32

마태복음 6:9

마태복음 6:10

마태복음 6:11 오늘 우리에게 일용할 양식을 주시옵고

새번역 오늘 우리에게 필요한 양식을 내려 주시고,

마태복음 6:12 우리가 우리에게 죄 지은 자를 사하여 준 것같이
우리 죄를 사하여 주시옵고

새번역 우리가 우리에게 죄 지은 사람을 용서하여 준 것같이
우리의 죄를 용서하여 주시고,

마태복음 6:13 우리를 시험에 들게 하지 마시옵고 다만 악에서 구하시옵소서
(나라와 권세와 영광이 아버지께 영원히 있사옵나이다 아멘)

새번역 우리를 시험에 들지 않게 하시고, 악에서 구하여 주십시오.
[나라와 권세와 영광은 영원히 아버지의 것입니다. 아멘.]

묵상하기

마태복음 6장 9-13절은 예수님이 제자들에게 직접 가르쳐주신 기도로서, 모든 성도들이 하나님께 어떻게 기도해야 할지를 가르쳐주는 기도의 모범입니다. 우리가 '주기도문'이라고 부르고 암송하는 기도문이지요. 그리스도인은 '아버지'이신 하나님의 이름을 거룩히 여겨야 하며, 하나님의 다스림이 임하기를 바라며 기도해야 하며, 매일의 삶에 필요한 것들을 채워 달라고 기도해야 합니다. 또 하나님과의 관계를 위해 죄를 회개하는 동시에 우리에게 죄 지은 사람을 용서하고, 우리가 시험에 들지 않기 위해 기도해야 합니다.

마태복음 6:11

마태복음 6:12

마태복음 6:13

시편 63:3 주의 인자하심이 생명보다 나으므로 내 입술이 주를 찬양할 것이라

새번역 주님의 한결같은 사랑이 생명보다 더 소중하기에,
내 입술로 주님께 영광을 돌립니다.

마태복음 1:23 보라 처녀가 잉태하여 아들을 낳을 것이요
그의 이름은 임마누엘이라 하리라 하셨으니
이를 번역한즉 하나님이 우리와 함께 계시다 함이라

새번역 "보아라, 동정녀가 잉태하여 아들을 낳을 것이니,
그의 이름을 임마누엘이라고 할 것이다" 하신 말씀을 이루려고 하신 것이다.
(임마누엘은 번역하면 '하나님이 우리와 함께 계시다'는 뜻이다.)

이사야 53:4 그는 실로 우리의 질고를 지고 우리의 슬픔을 당하였거늘
우리는 생각하기를 그는 징벌을 받아
하나님께 맞으며 고난을 당한다 하였노라

새번역 그는 실로 우리가 받아야 할 고통을 대신 받고, 우리가 겪어야 할 슬픔을 대신 겪었다. 그러나 우리는, 그가 징벌을 받아서 하나님에게 맞으며, 고난을 받는다고 생각하였다.

묵상하기

이사야서 52장 13절에서 53장 12절은 고난받는 종의 노래로, 메시아 예언을 담고 있습니다. 이사야서에서는 미래의 일이지만 완료 시제를 사용하고 있습니다.
그(종, 메시아)가 받는 고통은 우리의 고통과 슬픔으로 인한 것입니다(사 53:4). 죄인들에 대한 하나님의 진노를 대신 받으신 것이지요. 우리가 하나님과 평화를 누리도록 하기 위해 하나님의 징계를 받으신 것입니다(5절). 모든 사람이 죄를 범했지만 그는 죄인인 우리가 받아야 할 죄의 결과와 진노를 그분이 모두 감당하신 것입니다(6절).

시편 63:3

마태복음 1:23

이사야 53:4

이사야 53:5 그가 찔림은 우리의 허물 때문이요
그가 상함은 우리의 죄악 때문이라
그가 징계를 받으므로 우리는 평화를 누리고
그가 채찍에 맞으므로 우리는 나음을 받았도다

새번역 그러나 그가 찔린 것은 우리의 허물 때문이고, 그가 상처를 받은 것은 우리의 악함 때문이다. 그가 징계를 받음으로써 우리가 평화를 누리고, 그가 매를 맞음으로써 우리의 병이 나았다.

이사야 53:6 우리는 다 양 같아서 그릇 행하여 각기 제 길로 갔거늘
여호와께서는 우리 모두의 죄악을 그에게 담당시키셨도다

새번역 우리는 모두 양처럼 길을 잃고, 각기 제 갈 길로 흩어졌으나, 주님께서 우리 모두의 죄악을 그에게 지우셨다.

히브리서 10:14 그가 거룩하게 된 자들을 한 번의 제사로
영원히 온전하게 하셨느니라

새번역 그는 거룩하게 되는 사람들을 단 한 번의 희생제사로 영원히 완전하게 하셨습니다.

시편 73:25 하늘에서는 주 외에 누가 내게 있으리요
땅에서는 주밖에 내가 사모할 이 없나이다

새번역 내가 주님과 함께 하니, 하늘로 가더라도, 내게 주님밖에 누가 더 있겠습니까? 땅에서라도, 내가 무엇을 더 바라겠습니까?

이사야 53:5

이사야 53:6

히브리서 10:14

시편 73:25

시편 73:28

하나님께 가까이함이 내게 복이라 내가 주 여호와를
나의 피난처로 삼아 주의 모든 행적을 전파하리이다

새번역 하나님께 가까이 있는 것이 나에게 복이니, 내가 주 하나님을
나의 피난처로 삼고, 주님께서 이루신 모든 일들을 전파하렵니다.

시편 119:33

여호와여 주의 율례들의 도를 내게 가르치소서
내가 끝까지 지키리이다

새번역 주님, 주님의 율례들이 제시하는 길을 내게 가르쳐 주십시오.
내가 언제까지든지 그것을 지키겠습니다.

빌립보서 2:13

너희 안에서 행하시는 이는 하나님이시니
자기의 기쁘신 뜻을 위하여 너희에게 소원을 두고 행하게 하시나니

새번역 하나님은 여러분 안에서 활동하셔서, 여러분으로 하여금
하나님을 기쁘게 해 드릴 것을 염원하게 하시고 실천하게 하시는 분입니다.

시편 73:28

시편 119:33

빌립보서 2:13

마태복음 6:31 그러므로 염려하여 이르기를 무엇을 먹을까
무엇을 마실까 무엇을 입을까 하지 말라

새번역 그러므로 무엇을 먹을까, 무엇을 마실까, 무엇을 입을까, 하고 걱정하지 말아라.

마태복음 6:32 이는 다 이방인들이 구하는 것이라 너희 하늘 아버지께서
이 모든 것이 너희에게 있어야 할 줄을 아시느니라

새번역 이 모든 것은 모두 이방사람들이 구하는 것이요,
너희의 하늘 아버지께서는, 이 모든 것이 너희에게 필요하다는 것을 아신다.

마태복음 6:33 그런즉 너희는 먼저 그의 나라와 그의 의를 구하라
그리하면 이 모든 것을 너희에게 더하시리라

새번역 너희는 먼저 하나님의 나라와 하나님의 의를 구하여라.
그리하면 이 모든 것을 너희에게 더하여 주실 것이다.

마태복음 6:34 그러므로 내일 일을 위하여 염려하지 말라
내일 일은 내일이 염려할 것이요 한 날의 괴로움은 그 날로 족하니라

새번역 그러므로 내일 일을 걱정하지 말아라. 내일 걱정은 내일이 맡아서 할 것이다.
한 날의 괴로움은 그 날에 겪는 것으로 족하다.

마태복음 6:31

마태복음 6:32

마태복음 6:33

마태복음 6:34

요한복음 14:26

보혜사 곧 아버지께서 내 이름으로 보내실 성령 그가 너희에게 모든 것을 가르치고 내가 너희에게 말한 모든 것을 생각나게 하리라

새번역 그러나 보혜사, 곧 아버지께서 내 이름으로 보내실 성령께서, 너희에게 모든 것을 가르쳐 주실 것이며, 또 내가 너희에게 말한 모든 것을 생각나게 하실 것이다.

요한복음 14:27

평안을 너희에게 끼치노니 곧 나의 평안을 너희에게 주노라 내가 너희에게 주는 것은 세상이 주는 것과 같지 아니하니라 너희는 마음에 근심하지도 말고 두려워하지도 말라

새번역 나는 평화를 너희에게 남겨 준다. 나는 내 평화를 너희에게 준다. 내가 너희에게 주는 평화는 세상이 주는 것과 같지 않다. 너희는 마음에 근심하지 말고, 두려워하지도 말아라.

누가복음 15:24

이 내 아들은 죽었다가 다시 살아났으며 내가 잃었다가 다시 얻었노라 하니 그들이 즐거워하더라

새번역 '나의 이 아들은 죽었다가 살아났고, 내가 잃었다가 되찾았다.' 그래서 그들은 잔치를 벌였다.

요한복음 14:26

요한복음 14:27

누가복음 15:24

베드로후서 3:9

주의 약속은 어떤 이들이 더디다고 생각하는 것같이
더딘 것이 아니라 오직 주께서는 너희를 대하여 오래 참으사
아무도 멸망하지 아니하고 다 회개하기에 이르기를 원하시느니라

새번역 어떤 이들이 생각하는 것과 같이, 주님께서는 약속을 더디 지키시는 것이
아닙니다. 도리어 여러분을 위하여 오래 참으시는 것입니다. 하나님께서는
아무도 멸망하지 않고, 모두 회개하는 데에 이르기를 바라십니다.

이사야 61:1

주 여호와의 영이 내게 내리셨으니 이는 여호와께서
내게 기름을 부으사 가난한 자에게 아름다운 소식을 전하게
하려 하심이라 나를 보내사 마음이 상한 자를 고치며
포로된 자에게 자유를, 갇힌 자에게 놓임을 선포하며

새번역 주님께서 나에게 기름을 부으시니, 주 하나님의 영이 나에게 임하셨다.
주님께서 나를 보내셔서, 가난한 사람들에게 기쁜 소식을 전하고, 상한 마음을
싸매어 주고, 포로에게 자유를 선포하고, 갇힌 사람에게 석방을 선언하고,

이사야 61:2

여호와의 은혜의 해와 우리 하나님의 보복의 날을 선포하여
모든 슬픈 자를 위로하되

새번역 주님의 은혜의 해와 우리 하나님의 보복의 날을 선언하고,
모든 슬퍼하는 사람들을 위로하게 하셨다.

베드로후서 3:9

이사야 61:1

이사야 61:2

이사야 61:3

무릇 시온에서 슬퍼하는 자에게 화관을 주어 그 재를 대신하며
기쁨의 기름으로 그 슬픔을 대신하며 찬송의 옷으로
그 근심을 대신하시고 그들이 의의 나무 곧 여호와께서 심으신
그 영광을 나타낼 자라 일컬음을 받게 하려 하심이라

새번역 시온에서 슬퍼하는 사람들에게 재 대신에 화관을 씌워 주시며, 슬픔 대신에 기쁨의 기름을 발라 주시며, 괴로운 마음 대신에 찬송이 마음에 가득 차게 하셨다. 그리하여 사람들은 그들을 가리켜, 의의 나무, 주님께서 스스로 영광을 나타내시려고 손수 심으신 나무라고 부른다.

요한일서 4:18

사랑 안에 두려움이 없고 온전한 사랑이 두려움을 내쫓나니
두려움에는 형벌이 있음이라 두려워하는 자는
사랑 안에서 온전히 이루지 못하였느니라

새번역 사랑에는 두려움이 없습니다. 완전한 사랑은 두려움을 내쫓습니다. 두려움은 징벌과 관련이 있습니다. 두려워하는 사람은 아직 사랑을 완성하지 못한 사람입니다.

묵상하기

하나님은 사랑이십니다. 우리가 사랑의 삶 속에 영원히 살기로 작정하면, 우리는 하나님 안에 살고 하나님도 우리 안에 사십니다. …사랑 안에는 두려움이 들어설 자리가 없습니다. 온전한 사랑은 두려움을 내어 쫓습니다. 두려움은 삶을 무력하게 만듭니다. 두려워하는 삶, 곧 죽음을 두려워하고 심판을 두려워하는 삶은 사랑 안에서 온전해지지 못한 삶입니다.

_『메시지 신약』(유진 피터슨, 복있는사람) 요한일서 4장 17-18절 중에서

이사야 61:3

요한일서 4:18

이사야 40:31

오직 여호와를 앙망하는 자는 새 힘을 얻으리니
독수리가 날개치며 올라감 같을 것이요 달음박질하여도
곤비하지 아니하겠고 걸어가도 피곤하지 아니하리로다

새번역 오직 주님을 소망으로 삼는 사람은 새 힘을 얻으리니, 독수리가 날개를 치며 솟아오르듯 올라갈 것이요, 뛰어도 지치지 않으며, 걸어도 피곤하지 않을 것이다.

이사야 55:1

오호라 너희 모든 목마른 자들아 물로 나아오라
돈 없는 자도 오라 너희는 와서 사 먹되 돈 없이,
값없이 와서 포도주와 젖을 사라

새번역 너희 모든 목마른 사람들아, 어서 물로 나오너라. 돈이 없는 사람도 오너라. 너희는 와서 사서 먹되, 돈도 내지 말고 값도 지불하지 말고 포도주와 젖을 사거라.

골로새서 1:29

이를 위하여 나도 내 속에서 능력으로
역사하시는 이의 역사를 따라 힘을 다하여 수고하노라

새번역 이 일을 위하여 나도 내 속에서 능력으로 작용하는 그분의 활력을 따라 수고하며 애쓰고 있습니다.

묵상하기

이사야 55장 1절에서 '포도주'와 '젖'은 풍요, 만족을 뜻하는 상징입니다. 이사야 53장에서 언급한 종의 고난을 통해 얻은 유익에 참여하라는 초청이 이사야 55장 1절 말씀이지요. 주 앞에 나아오는 사람은 누구나 그 유익을 받고 누릴 수 있습니다.

이사야 40:31

이사야 55:1

골로새서 1:29

잠언 16:9 사람이 마음으로 자기의 길을 계획할지라도
그의 걸음을 인도하시는 이는 여호와시니라

새번역 사람이 마음으로 자기의 앞길을 계획하지만,
그 발걸음을 인도하시는 분은 주님이시다.

이사야 43:1 야곱아 너를 창조하신 여호와께서 지금 말씀하시느니라
이스라엘아 너를 지으신 이가 말씀하시느니라 너는 두려워하지 말라
내가 너를 구속하였고 내가 너를 지명하여 불렀나니 너는 내 것이라

새번역 그러나 이제 야곱아, 너를 창조하신 주님께서 말씀하신다. 이스라엘아,
너를 지으신 주님께서 말씀하신다. "내가 너를 속량하였으니, 두려워하지 말아라.
내가 너를 지명하여 불렀으니, 너는 나의 것이다."

예레미야 29:12 너희가 내게 부르짖으며 내게 와서 기도하면
내가 너희들의 기도를 들을 것이요

새번역 너희가 나를 부르고, 나에게 와서 기도하면, 내가 너희의 호소를 들어주겠다.

예레미야 29:13 너희가 온 마음으로 나를 구하면 나를 찾을 것이요 나를 만나리라

새번역 너희가 나를 찾으면, 나를 만날 것이다.
너희가 온전한 마음으로 나를 찾기만 하면,

잠언 16:9

이사야 43:1

예레미야 29:12

예레미야 29:13

요한일서 5:3 하나님을 사랑하는 것은 이것이니 우리가 그의 계명들을 지키는 것이라 그의 계명들은 무거운 것이 아니로다

새번역 하나님을 사랑하는 것은 그 계명을 지키는 것입니다. 하나님의 계명은 무거운 짐이 아닙니다.

요한일서 5:4 무릇 하나님께로부터 난 자마다 세상을 이기느니라 세상을 이기는 승리는 이것이니 우리의 믿음이니라

새번역 하나님에게서 태어난 사람은 다 세상을 이기기 때문입니다. 세상을 이긴 승리는 이것이니, 곧 우리의 믿음입니다.

마태복음 7:7 구하라 그리하면 너희에게 주실 것이요
찾으라 그리하면 찾아낼 것이요
문을 두드리라 그리하면 너희에게 열릴 것이니

새번역 구하여라, 그리하면 하나님께서 너희에게 주실 것이다. 찾아라, 그리하면 너희가 찾을 것이다. 문을 두드려라, 그리하면 하나님께서 너희에게 열어 주실 것이다.

묵상하기

예수님은 우리에게 구하고 찾고 두드리라고 말씀하십니다(마 7:7). 육신의 아버지도 자녀에게 필요한 것을 주는데 하늘 아버지께서 자기 자녀들이 구하는 것을 주시지 않겠냐고 반문하며 말씀하십니다.

아버지께 구하고 찾을 때 얻게 될 좋은 것(마 7:11)은 바로 성령입니다. "너희가 악할지라도 좋은 것을 자식에게 줄 줄 알거든 하물며 너희 하늘 아버지께서 구하는 자에게 성령을 주시지 않겠느냐"(눅 11:13). 하늘 아버지께서는 우리에게 가장 좋은 것 곧 '성령'을 주십니다.

요한일서 5:3

요한일서 5:4

마태복음 7:7

스가랴 1:3

그러므로 너는 그들에게 말하기를 만군의 여호와께서
이처럼 이르시되 너희는 내게로 돌아오라 만군의 여호와의 말이니라
그리하면 내가 너희에게로 돌아가리라 만군의 여호와의 말이니라

새번역 그러므로 너는 백성들에게 알려라. '만군의 주가 말한다. 너희는 나에게로 돌아오너라. 만군의 주가 말한다. 나도 너희에게로 돌아간다. 만군의 주가 말한다.'

누가복음 5:5

시몬이 대답하여 이르되 선생님 우리들이 밤이 새도록 수고하였으되
잡은 것이 없지마는 말씀에 의지하여 내가 그물을 내리리이다 하고

새번역 시몬이 대답하였다. "선생님, 우리가 밤새도록 애를 썼으나, 아무것도 잡지 못했습니다. 그러나 선생님의 말씀을 따라 그물을 내리겠습니다."

이사야 46:9

너희는 옛적 일을 기억하라 나는 하나님이라
나 외에 다른 이가 없느니라 나는 하나님이라 나 같은 이가 없느니라

새번역 너희는 태초부터 이루어진 일들을 기억하여라. 나는 하나님이다. 나밖에 다른 신은 없다. 나는 하나님이다. 나와 같은 이는 없다.

스가랴 1:3

누가복음 5:5

이사야 46:9

에스겔 36:26

또 새 영을 너희 속에 두고 새 마음을 너희에게 주되
너희 육신에서 굳은 마음을 제거하고 부드러운 마음을 줄 것이며

새번역 너희에게 새로운 마음을 주고 너희 속에 새로운 영을 넣어 주며,
너희 몸에서 돌같이 굳은 마음을 없애고 살갗처럼 부드러운 마음을 주며,

에스겔 36:27

또 내 영을 너희 속에 두어 너희로 내 율례를 행하게 하리니
너희가 내 규례를 지켜 행할지라

새번역 너희 속에 내 영을 두어, 너희가 나의 모든 율례대로 행동하게 하겠다.
그러면 너희가 내 모든 규례를 지키고 실천할 것이다.

마태복음 21:22

너희가 기도할 때에
무엇이든지 믿고 구하는 것은 다 받으리라 하시니라

새번역 또 너희가 기도할 때에, 이루어질 것을 믿으면서
구하는 것은, 무엇이든지 다 받을 것이다.

묵상하기

에스겔 36장 25-27절에서 하나님은 이스라엘의 회복을 위해 두 가지 조치를 취하겠다고 말씀하십니다. 먼저는 맑은 물을 뿌려서 씻는 것이고, 그다음은 그 속에 새 영을 두는 것입니다. 여기서 말하는 '물'은 '모든 더러운 것'과 '모든 우상숭배'에서 정결하게 하는 것으로, 이 '물'은 예수 그리스도의 '피'를 의미합니다. 즉 예수 그리스도의 보혈로 먼저 죄를 씻고 나서, 하나님이 주시는 '새 영' 즉 성령을 받아야 하나님이 회복하시는 하나님 나라의 백성이 될 수 있는 것입니다. 요한복음 3장 5절에서 말씀하신 "물과 성령"이 바로 에스겔 본문에 나오는 '물'과 '새 영'입니다.

에스겔 36:26

에스겔 36:27

마태복음 21:22

예레미야애가 3:22 여호와의 인자와 긍휼이 무궁하시므로
우리가 진멸되지 아니함이니이다

새번역 주님의 한결같은 사랑이 다함이 없고 그 긍휼이 끝이 없기 때문이다.

예레미야애가 3:23 이것들이 아침마다 새로우니 주의 성실하심이 크시도소이다

새번역 "주님의 사랑과 긍휼이 아침마다 새롭고, 주님의 신실이 큽니다."

골로새서 4:2 기도를 계속하고 기도에 감사함으로 깨어 있으라

새번역 기도에 힘을 쓰십시오. 감사하는 마음으로 기도하면서, 깨어 있으십시오.

요한복음 6:35 예수께서 이르시되 나는 생명의 떡이니
내게 오는 자는 결코 주리지 아니할 터이요
나를 믿는 자는 영원히 목마르지 아니하리라

새번역 예수께서 그들에게 말씀하셨다. "내가 생명의 빵이다. 내게로 오는 사람은 결코 주리지 않을 것이요, 나를 믿는 사람은 다시는 목마르지 않을 것이다."

예레미야애가 3:22

예레미야애가 3:23

골로새서 4:2

요한복음 6:35

요한계시록 22:17 성령과 신부가 말씀하시기를 오라 하시는도다
듣는 자도 오라 할 것이요 목마른 자도 올 것이요
또 원하는 자는 값없이 생명수를 받으라 하시더라

새번역 성령과 신부가 "오십시오!" 하고 말씀하십니다. 이 말을 듣는 사람도
또한 "오십시오!" 하고 외치십시오. 목이 마른 사람도 오십시오.
생명의 물을 원하는 사람은 거저 받으십시오.

요한복음 16:33 이것을 너희에게 이르는 것은
너희로 내 안에서 평안을 누리게 하려 함이라
세상에서는 너희가 환난을 당하나 담대하라 내가 세상을 이기었노라

새번역 내가 이것을 너희에게 말한 것은, 너희가 내 안에서 평화를 얻게 하려는 것이다.
너희는 세상에서 환난을 당할 것이다. 그러나 용기를 내어라. 내가 세상을 이겼다.

히브리서 9:28 이와 같이 그리스도도 많은 사람의 죄를 담당하시려고
단번에 드리신 바 되셨고 구원에 이르게 하기 위하여
죄와 상관없이 자기를 바라는 자들에게 두 번째 나타나시리라

새번역 이와 같이 그리스도께서도 많은 사람의 죄를 짊어지시려고,
단 한 번 자기 몸을 제물로 바치셨고, 두 번째로는 죄와는 상관없이,
자기를 기다리고 있는 사람들에게 나타나셔서 구원하실 것입니다.

요한계시록 22:17

요한복음 16:33

히브리서 9:28

빌립보서 1:21 이는 내게 사는 것이 그리스도니 죽는 것도 유익함이라

새번역 나에게는, 사는 것이 그리스도이시니, 죽는 것도 유익합니다.

고린도전서 10:13 사람이 감당할 시험밖에는 너희가 당한 것이 없나니
오직 하나님은 미쁘사 너희가 감당하지 못할 시험 당함을
허락하지 아니하시고 시험 당할 즈음에 또한 피할 길을 내사
너희로 능히 감당하게 하시느니라

새번역 여러분은 사람이 흔히 겪는 시련밖에 다른 시련을 당한 적이 없습니다.
하나님은 신실하십니다. 여러분이 감당할 수 있는 능력 이상으로 시련을 겪는 것을
하나님은 허락하지 않으십니다. 하나님께서는 시련과 함께 그것을 벗어날 길도
마련해 주셔서, 여러분이 그 시련을 견디어 낼 수 있게 해주십니다.

요나 3:10 하나님이 그들이 행한 것 곧 그 악한 길에서 돌이켜 떠난 것을 보시고
하나님이 뜻을 돌이키사 그들에게 내리리라고 말씀하신
재앙을 내리지 아니하시니라

새번역 하나님께서 그들이 뉘우치는 것, 곧 그들이 저마다 자기가 가던 나쁜 길에서
돌이키는 것을 보시고, 뜻을 돌이켜 그들에게 내리시겠다고 말씀하신
재앙을 내리지 않으셨다.

빌립보서 1:21

고린도전서 10:13

요나 3:10

요한일서 4:7

사랑하는 자들아 우리가 서로 사랑하자 사랑은 하나님께 속한 것이니
사랑하는 자마다 하나님으로부터 나서 하나님을 알고

새번역 사랑하는 여러분, 서로 사랑합시다. 사랑은 하나님에게서 난 것입니다.
사랑하는 사람은 다 하나님에게서 났고, 하나님을 압니다.

에베소서 3:20

우리 가운데서 역사하시는 능력대로
우리가 구하거나 생각하는 모든 것에 더 넘치도록 능히 하실 이에게

새번역 우리 가운데서 일하시는 능력을 따라,
우리가 구하거나 생각하는 것 이상으로 더욱 넘치게 주실 수 있는 분에게,

에베소서 3:21

교회 안에서와 그리스도 예수 안에서
영광이 대대로 영원무궁하기를 원하노라 아멘

새번역 교회 안에서와 그리스도 예수 안에서,
영광이 대대로 영원무궁하도록 있기를 빕니다. 아멘.

묵상하기

에베소 교회를 향한 바울의 기도인 에베소서 3장 16-19절대로 하나님을 깊이 바르게 알아간다면 우리(신자) 안에서 활동하시는 하나님의 능력에는 부족함이 없을 것입니다. 그리고 그 능력은 우리의 이해를 훨씬 뛰어넘는 것입니다.

또한 이를 통해(이러한 그리스도인을 통해) 그리스도는 교회에서 마땅히 받아야 하는 충만한 영광을 받으실 것입니다.

요한일서 4:7

에베소서 3:20

에베소서 3:21

아모스 5:4 여호와께서 이스라엘 족속에게 이와 같이 말씀하시기를 너희는 나를 찾으라 그리하면 살리라

새번역 나 주가 이스라엘 가문에 선고한다. 너희는 나를 찾아라. 그러면 산다.

마가복음 9:23 예수께서 이르시되 할 수 있거든이 무슨 말이냐 믿는 자에게는 능히 하지 못할 일이 없느니라

새번역 예수께서 그에게 말씀하셨다. "'할 수 있으면'이 무슨 말이냐? 믿는 사람에게는 모든 일이 가능하다."

히브리서 10:39 우리는 뒤로 물러가 멸망할 자가 아니요 오직 영혼을 구원함에 이르는 믿음을 가진 자니라

새번역 우리는 뒤로 물러나서 멸망할 사람들이 아니라, 믿음을 가져 생명을 얻을 사람들입니다.

묵상하기

하나님은 심판을 선포하신 후, 이스라엘을 향하여 회개를 촉구하십니다(암 5:4). '벧엘' '길갈' '브엘세바'(암 5:5)로 가지 말라고 하신 것은, 그곳에서 이방신을 섬기는 방식으로 가증스런 제사가 드려졌기 때문입니다(암 4:4-5). 가증한 예배는 그들이 원하는 하나님의 심판을 멈추기는커녕 파멸을 초래할 뿐입니다.

"나를 찾으라"는 하나님의 은혜로운 사랑의 초대(암 5:4, 6)만이 우리를 살릴 수 있습니다. 하나님은 지금 이순간에도 우리를 생명의 길로 초대하고 계십니다.

아모스 5:4

마가복음 9:23

히브리서 10:39

호세아 2:23 내가 나를 위하여 그를 이 땅에 심고
긍휼히 여김을 받지 못하였던 자를 긍휼히 여기며
내 백성 아니었던 자에게 향하여 이르기를 너는 내 백성이라 하리니
그들은 이르기를 주는 내 하나님이시라 하리라 하시니라

새번역 그 때에 내가 이스라엘을 이 땅에 심어서 나의 백성으로 키우고, 로루하마를 사랑하여 루하마가 되게 할 것이다. 로암미에게 '이제 너는 암미다!' 하고 내가 말하면, 그가 나에게 '주님은 나의 하나님이십니다!' 하고 대답할 것이다.

히브리서 10:10 이 뜻을 따라 예수 그리스도의 몸을 단번에 드리심으로 말미암아
우리가 거룩함을 얻었노라

새번역 이 뜻을 따라 예수 그리스도께서 자기 몸을 단번에 드리심으로써 우리는 거룩하게 되었습니다.

데살로니가후서 3:13 형제들아 너희는 선을 행하다가 낙심하지 말라

새번역 형제자매 여러분, 선한 일을 하다가 낙심하지 마십시오.

호세아 2:23

히브리서 10:10

데살로니가후서 3:13

요한일서 1:9 만일 우리가 우리 죄를 자백하면
그는 미쁘시고 의로우사 우리 죄를 사하시며
우리를 모든 불의에서 깨끗하게 하실 것이요

새번역 우리가 우리 죄를 자백하면, 하나님은 신실하시고 의로우신 분이셔서,
우리 죄를 용서하시고, 모든 불의에서 우리를 깨끗하게 해주실 것입니다.

나훔 1:3 여호와는 노하기를 더디하시며 권능이 크시며 벌 받을 자를
결코 내버려두지 아니하시느니라 여호와의 길은
회오리바람과 광풍에 있고 구름은 그의 발의 티끌이로다

새번역 주님은 좀처럼 노하지 않으시고 권능도 한없이 많으시지만,
주님은 절대로, 죄를 벌하지 않은 채 내버려 두지는 않으신다.
회오리바람과 폭풍은 당신이 다니시는 길이요, 구름은 발 밑에서 이는 먼지이다.

마가복음 12:30 네 마음을 다하고 목숨을 다하고 뜻을 다하고 힘을 다하여
주 너의 하나님을 사랑하라 하신 것이요

새번역 네 마음을 다하고, 네 목숨을 다하고, 네 뜻을 다하고, 네 힘을 다하여,
너의 하나님이신 주님을 사랑하여라.

마가복음 12:31 둘째는 이것이니 네 이웃을 네 자신과 같이 사랑하라 하신 것이라
이보다 더 큰 계명이 없느니라

새번역 둘째는 이것이다. '네 이웃을 네 몸같이 사랑하여라.'
이 계명보다 더 큰 계명은 없다.

요한일서 1:9

나훔 1:3

마가복음 12:30

마가복음 12:31

로마서 10:17

그러므로 믿음은 들음에서 나며
들음은 그리스도의 말씀으로 말미암았느니라

새번역 그러므로 믿음은 들음에서 생기고,
들음은 그리스도를 전하는 말씀에서 비롯됩니다.

히브리서 12:6

주께서 그 사랑하시는 자를 징계하시고
그가 받아들이시는 아들마다 채찍질하심이라 하였으니

새번역 주님께서는 사랑하시는 사람을 징계하시고,
받아들이시는 아들마다 채찍질하신다.

베드로전서 5:7

너희 염려를 다 주께 맡기라 이는 그가 너희를 돌보심이라

새번역 여러분의 걱정을 모두 하나님께 맡기십시오.
하나님께서는 여러분을 돌보고 계십니다.

베드로전서 5:8

근신하라 깨어라 너희 대적 마귀가 우는 사자같이
두루 다니며 삼킬 자를 찾나니

새번역 정신을 차리고, 깨어 있으십시오. 여러분의 원수 악마가,
우는 사자같이 삼킬 자를 찾아 두루 다닙니다.

로마서 10:17

히브리서 12:6

베드로전서 5:7

베드로전서 5:8

이사야 26:3

주께서 심지가 견고한 자를 평강하고 평강하도록 지키시리니
이는 그가 주를 신뢰함이니이다

새번역 주님, 주님께 의지하는 사람들은 늘 한결같은 마음을 가진 사람들이니, 그들에게 평화에 평화를 더하여 주시기 바랍니다.

이사야 26:4

너희는 여호와를 영원히 신뢰하라
주 여호와는 영원한 반석이심이로다

새번역 너희는 영원토록 주님을 의지하여라. 주 하나님만이 너희를 보호하는 영원한 반석이시다.

시편 84:10

주의 궁정에서의 한 날이 다른 곳에서의 천 날보다 나은즉
악인의 장막에 사는 것보다
내 하나님의 성전 문지기로 있는 것이 좋사오니

새번역 주님의 집 뜰 안에서 지내는 하루가 다른 곳에서 지내는 천 날보다 낫기에, 악인의 장막에서 살기보다는, 하나님의 집 문지기로 있는 것이 더 좋습니다.

히브리서 8:12

내가 그들의 불의를 긍휼히 여기고
그들의 죄를 다시 기억하지 아니하리라

새번역 내가 그들의 불의함을 긍휼히 여기겠고, 더 이상 그들의 죄를 기억하지 않겠다.

이사야 26:3

이사야 26:4

시편 84:10

히브리서 8:12

사도행전 2:21 누구든지 주의 이름을 부르는 자는 구원을 받으리라 하였느니라

새번역 그러나 주님의 이름을 부르는 사람은 구원을 얻을 것이다.

요한복음 8:32 진리를 알지니 진리가 너희를 자유롭게 하리라

새번역 그리고 너희는 진리를 알게 될 것이며, 진리가 너희를 자유롭게 할 것이다.

유다서 1:20 사랑하는 자들아 너희는 너희의 지극히 거룩한 믿음 위에 자신을 세우며 성령으로 기도하며

새번역 그러나 사랑하는 여러분, 여러분은 가장 거룩한 여러분의 믿음을 터로 삼아서 자기를 건축하고, 성령으로 기도하십시오.

유다서 1:21 하나님의 사랑 안에서 자신을 지키며 영생에 이르도록 우리 주 예수 그리스도의 긍휼을 기다리라

새번역 하나님의 사랑 안에 머무르면서 자기를 지키고, 영생으로 인도하는 우리 주 예수 그리스도의 자비를 기다리십시오.

사도행전 2:21

요한복음 8:32

유다서 1:20

유다서 1:21

요한계시록 3:20 볼지어다 내가 문 밖에 서서 두드리노니
누구든지 내 음성을 듣고 문을 열면 내가 그에게로 들어가
그와 더불어 먹고 그는 나와 더불어 먹으리라

새번역 보아라, 내가 문 밖에 서서, 문을 두드리고 있다. 누구든지 내 음성을 듣고
문을 열면, 나는 그에게로 들어가서 그와 함께 먹고, 그는 나와 함께 먹을 것이다.

미가 7:18 주와 같은 신이 어디 있으리이까
주께서는 죄악과 그 기업에 남은 자의 허물을 사유하시며
인애를 기뻐하시므로 진노를 오래 품지 아니하시나이다

새번역 주님, 주님 같으신 하나님이 또 어디에 있겠습니까. 주님께서는
죄악을 사유하시며 살아남은 주님의 백성의 죄를 용서하십니다. 진노하시되,
그 노여움을 언제까지나 품고 계시지는 않고, 기꺼이 한결같은 사랑을 베푸십니다.

로마서 8:1 그러므로 이제 그리스도 예수 안에 있는 자에게는
결코 정죄함이 없나니

새번역 그러므로 그리스도 예수 안에 있는 사람들은 정죄를 받지 않습니다.

로마서 8:2 이는 그리스도 예수 안에 있는 생명의 성령의 법이
죄와 사망의 법에서 너를 해방하였음이라

새번역 그것은, 그리스도 예수 안에서 생명을 누리게 하는 성령의 법이
당신을 죄와 죽음의 법에서 해방하여 주었기 때문입니다.

요한계시록 3:20

미가 7:18

로마서 8:1

로마서 8:2

하박국 3:17 비록 무화과나무가 무성하지 못하며 포도나무에 열매가 없으며
감람나무에 소출이 없으며 밭에 먹을 것이 없으며
우리에 양이 없으며 외양간에 소가 없을지라도

새번역 무화과나무에 과일이 없고 포도나무에 열매가 없을지라도,
올리브 나무에서 딸 것이 없고 밭에서 거두어들일 것이 없을지라도,
우리에 양이 없고 외양간에 소가 없을지라도,

하박국 3:18 나는 여호와로 말미암아 즐거워하며
나의 구원의 하나님으로 말미암아 기뻐하리로다

새번역 나는 주님 안에서 즐거워하련다. 나를 구원하신 하나님 안에서 기뻐하련다.

하박국 3:19a 주 여호와는 나의 힘이시라 나의 발을 사슴과 같게 하사
나를 나의 높은 곳으로 다니게 하시리로다

새번역 주 하나님은 나의 힘이시다. 나의 발을 사슴의 발과 같게 하셔서,
산등성이를 마구 치닫게 하신다.

묵상하기

"나의 발을 사슴과 같게 하사"(합 3:19)는 이스라엘의 높고 가파른 산에서 미끄러지지 않는 발을 가진 사슴처럼 하박국 선지자가 여호와에 대한 믿음으로 임박한 심판의 고통을 견디고 그 모든 혼란스러운 의문(합 1-2장)을 감당할 수 있게 되었다는 뜻입니다.
욥처럼 하박국은 하나님과 논쟁을 벌였고 이를 통해 하나님의 주권적 성품에 대한 더 깊은 이해와 그분에 대한 확고한 믿음에 이르게 되었습니다. 하박국은 하나님을 신뢰하는 법을 배웠고 그런 신뢰와 더불어 하나님으로 인한 큰 기쁨을 얻은 것입니다.

하박국 3:17

하박국 3:18

하박국 3:19a

베드로전서 2:9 그러나 너희는 택하신 족속이요 왕 같은 제사장들이요
거룩한 나라요 그의 소유가 된 백성이니
이는 너희를 어두운 데서 불러내어 그의 기이한 빛에
들어가게 하신 이의 아름다운 덕을 선포하게 하려 하심이라

새번역 그러나 여러분은 택하심을 받은 족속이요, 왕과 같은 제사장들이요,
거룩한 민족이요, 하나님의 소유가 된 백성입니다.
그래서 여러분을 어둠에서 불러내어 자기의 놀라운 빛 가운데로
인도하신 분의 업적을, 여러분이 선포하는 것입니다.

고린도후서 13:4 그리스도께서 약하심으로 십자가에 못 박히셨으나
하나님의 능력으로 살아 계시니 우리도 그 안에서 약하나
너희에게 대하여 하나님의 능력으로 그와 함께 살리라

새번역 그분은 약하셔서 십자가에 못 박혀 죽으셨지만,
하나님의 능력으로 살아 계십니다. 우리도 그분 안에서 약합니다마는,
하나님의 능력으로 그분과 함께 살아나서, 여러분을 대할 것입니다.

사도행전 2:36 그런즉 이스라엘 온 집은 확실히 알지니
너희가 십자가에 못 박은 이 예수를
하나님이 주와 그리스도가 되게 하셨느니라 하니라

새번역 그러므로 이스라엘 온 집안은 확실히 알아두십시오.
하나님께서는 여러분이 십자가에 못박은 이 예수를
주님과 그리스도가 되게 하셨습니다.

베드로전서 2:9

고린도후서 13:4

사도행전 2:36

사도행전 2:38 베드로가 이르되 너희가 회개하여 각각 예수 그리스도의 이름으로 세례를 받고 죄 사함을 받으라 그리하면 성령의 선물을 받으리니

새번역 베드로가 대답하였다. "회개하십시오. 그리고 여러분 각 사람은 예수 그리스도의 이름으로 세례를 받고, 죄 용서를 받으십시오. 그리하면 성령을 선물로 받을 것입니다."

로마서 1:17 복음에는 하나님의 의가 나타나서 믿음으로 믿음에 이르게 하나니 기록된 바 오직 의인은 믿음으로 말미암아 살리라 함과 같으니라

새번역 하나님의 의가 복음 속에 나타납니다. 이 일은 오로지 믿음에 근거하여 일어납니다. 이것은 성경에 기록한 바 "의인은 믿음으로 살 것이다" 한 것과 같습니다.

아가 2:10 나의 사랑하는 자가 내게 말하여 이르기를 나의 사랑, 내 어여쁜 자야 일어나서 함께 가자

새번역 아, 사랑하는 이가 나에게 속삭이네. (남자) 나의 사랑 그대, 일어나오. 나의 어여쁜 그대, 어서 나오오.

요한계시록 22:13 나는 알파와 오메가요 처음과 마지막이요 시작과 마침이라

새번역 나는 알파며 오메가, 곧 처음이며 마지막이요, 시작이며 끝이다.

사도행전 2:38

로마서 1:17

아가 2:10

요한계시록 22:13

2부

형통한 날의 말씀

창세기 15:6

아브람이 여호와를 믿으니
여호와께서 이를 그의 의로 여기시고

새번역 아브람이 주님을 믿으니, 주님께서는 아브람의 그런 믿음을 의로 여기셨다.

에베소서 1:13

그 안에서 너희도 진리의 말씀 곧 너희의 구원의 복음을 듣고
그 안에서 또한 믿어 약속의 성령으로 인치심을 받았으니

새번역 여러분도 그리스도 안에서 진리의 말씀 곧 여러분을 구원하는 복음을 듣고서 그리스도를 믿었으므로, 약속하신 성령의 날인을 받았습니다.

에베소서 1:14

이는 우리 기업의 보증이 되사
그 얻으신 것을 속량하시고 그의 영광을 찬송하게 하려 하심이라

새번역 이 성령은, 하나님의 소유인 우리가 완전히 구원받을 때까지
우리의 상속의 담보이시며, 우리로 하여금 하나님의 영광을 찬미하게 하십니다.

묵상하기

창세기 15장 6절에서 "믿으니 …의로 여기시고"는 믿음으로 말미암아 의롭게 여기신다는 뜻입니다. 이를 '이신칭의'(以信稱義)라고 하지요. '칭의'는 법정용어로서 우리의 어떠함(우리는 실제로 죄인임)과 상관없이 법적으로 '의롭다' '죄 없다'고 선언되는 것을 말합니다. 하나님께서 죄인인 우리를 의롭게 여겨주시는 것이지요. 여기서 믿음은 의롭다 함을 받는 수단이지 근거는 아닙니다. 만일 믿음이 의롭다 함을 받는 근거가 된다면 믿음은 선물(엡 2:8-9)이 아니라 공로가 되어버리고 맙니다.

창세기 15:6

에베소서 1:13

에베소서 1:14

출애굽기 16:4

그 때에 여호와께서 모세에게 이르시되
보라 내가 너희를 위하여 하늘에서 양식을 비같이 내리리니
백성이 나가서 일용할 것을 날마다 거둘 것이라
이같이 하여 그들이 내 율법을 준행하나 아니하나 내가 시험하리라

새번역 주님께서 모세에게 말씀하셨다. "너희가 먹을 것을 하늘에서 비처럼 내려 줄 터이니, 백성이 날마다 나가서, 그날 그날 먹을 만큼 거두어들이게 하여라. 이렇게 하여, 그들이 나의 지시를 따르는지, 따르지 않는지 시험하여 보겠다."

갈라디아서 2:20

내가 그리스도와 함께 십자가에 못 박혔나니 그런즉 이제는
내가 사는 것이 아니요 오직 내 안에 그리스도께서 사시는 것이라
이제 내가 육체 가운데 사는 것은 나를 사랑하사 나를 위하여
자기 자신을 버리신 하나님의 아들을 믿는 믿음 안에서 사는 것이라

새번역 나는 그리스도와 함께 십자가에 못 박혔습니다. 이제 살고 있는 것은 내가 아닙니다. 그리스도께서 내 안에서 살고 계십니다. 내가 지금 육신 안에서 살고 있는 삶은, 나를 사랑하셔서 나를 위하여 자기 몸을 내어주신 하나님의 아들을 믿는 믿음 안에서 살아가는 것입니다.

묵상하기

정말로 나는 그리스도와 함께 십자가에 못 박혔습니다. 이제 내 자아는 더 이상 내 중심이 아닙니다. 나는 더 이상 여러분에게 의롭게 보이거나 여러분에게서 좋은 평판을 얻고 싶은 마음이 없습니다. 나는 더 이상 하나님께 좋은 평가를 얻어야 한다는 강박관념이 없습니다. 그리스도께서 내 안에 살고 계십니다. 여러분이 보는 내 삶은 "나의 것"이 아니라, 나를 사랑하시고 나를 위해 자기 목숨을 내어주신 하나님의 아들을 믿는 믿음으로 살아가는 삶입니다.

_『메시지 신약』(유진 피터슨, 복있는사람) 갈라디아서 2장 20절 중에서

출애굽기 16:4

갈라디아서 2:20

빌립보서 2:2

마음을 같이하여 같은 사랑을 가지고 뜻을 합하며 한마음을 품어

새번역 여러분은 같은 생각을 품고, 같은 사랑을 가지고,
뜻을 합하여 한 마음이 되어서, 내 기쁨이 넘치게 해 주십시오.

빌립보서 2:3

아무 일에든지 다툼이나 허영으로 하지 말고
오직 겸손한 마음으로 각각 자기보다 남을 낫게 여기고

새번역 무슨 일을 하든지, 경쟁심이나 허영으로 하지 말고,
겸손한 마음으로 하고, 자기보다 서로 남을 낫게 여기십시오.

사도행전 1:7

이르시되 때와 시기는
아버지께서 자기의 권한에 두셨으니 너희가 알 바 아니요

새번역 예수께서 그들에게 말씀하셨다. "때나 시기는 아버지께서
아버지의 권한으로 정하신 것이니, 너희가 알 바가 아니다."

사도행전 1:8

오직 성령이 너희에게 임하시면 너희가 권능을 받고
예루살렘과 온 유대와 사마리아와 땅 끝까지 이르러
내 증인이 되리라 하시니라

새번역 "그러나 성령이 너희에게 내리시면, 너희는 능력을 받고, 예루살렘과
온 유대와 사마리아에서, 그리고 마침내 땅 끝에까지 이르러 내 증인이 될 것이다."

빌립보서 2:2

빌립보서 2:3

사도행전 1:7

사도행전 1:8

디모데전서 6:10 돈을 사랑함이 일만 악의 뿌리가 되나니
이것을 탐내는 자들은 미혹을 받아 믿음에서 떠나
많은 근심으로써 자기를 찔렀도다

새번역 돈을 사랑하는 것이 모든 악의 뿌리입니다. 돈을 좇다가,
믿음에서 떠나 헤매기도 하고, 많은 고통을 겪기도 한 사람이 더러 있습니다.

디모데전서 6:11 오직 너 하나님의 사람아 이것들을 피하고
의와 경건과 믿음과 사랑과 인내와 온유를 따르며

새번역 하나님의 사람이여, 그대는 이 악한 것들을 피하십시오.
의와 경건과 믿음과 사랑과 인내와 온유를 좇으십시오.

디모데전서 6:12 믿음의 선한 싸움을 싸우라 영생을 취하라 이를 위하여
네가 부르심을 받았고 많은 증인 앞에서 선한 증언을 하였도다

새번역 믿음의 선한 싸움을 싸우십시오. 영생을 얻으십시오.
하나님께서는 영생을 얻게 하시려고 그대를 부르셨고,
또 그대는 많은 증인들 앞에서 훌륭하게 신앙을 고백하였습니다.

디모데전서 6:10

디모데전서 6:11

디모데전서 6:12

창세기 2:3 하나님이 그 일곱째 날을 복되게 하사 거룩하게 하셨으니
이는 하나님이 그 창조하시며 만드시던 모든 일을 마치시고
그 날에 안식하셨음이니라

새번역 이렛날에 하나님이 창조하시던 모든 일에서 손을 떼고 쉬셨으므로,
하나님은 그 날을 복되게 하시고 거룩하게 하셨다.

베드로전서 3:15 너희 마음에 그리스도를 주로 삼아 거룩하게 하고
너희 속에 있는 소망에 관한 이유를 묻는 자에게는
대답할 것을 항상 준비하되 온유와 두려움으로 하고

새번역 다만 여러분의 마음속에 그리스도를 주님으로 모시고
거룩하게 대하십시오. 여러분이 가진 희망을 설명하여 주기를 바라는
사람에게는, 언제나 답변할 수 있게 준비를 해 두십시오.

마태복음 25:40 임금이 대답하여 이르시되 내가 진실로 너희에게 이르노니
너희가 여기 내 형제 중에 지극히 작은 자 하나에게 한 것이
곧 내게 한 것이니라 하시고

새번역 임금이 그들에게 말하기를 '내가 진정으로 너희에게 말한다.
너희가 여기 내 형제자매 가운데, 지극히 보잘것없는 사람 하나에게 한 것이
곧 내게 한 것이다' 할 것이다.

창세기 2:3

베드로전서 3:15

마태복음 25:40

신명기 4:39 그런즉 너는 오늘 위로 하늘에나 아래로 땅에
오직 여호와는 하나님이시오 다른 신이 없는 줄을 알아 명심하고

새번역 오늘 당신들은 마음에 새겨 분명히 알아 둘 것이 있으니,
주님은 위로는 하늘에서도 아래로는 땅에서도 참 하나님이시며,
그밖에 다른 신은 없다는 것입니다.

신명기 4:40 오늘 내가 네게 명령하는 여호와의 규례와 명령을 지키라
너와 네 후손이 복을 받아 네 하나님 여호와께서
네게 주시는 땅에서 한 없이 오래 살리라

새번역 당신들은 오늘 내가 당신들에게 알려 주는 주님의 규례와 명령을 지키십시오.
그러면 당신들과 당신들의 자손이 잘 살게 되고, 주 당신들의 하나님이
당신들에게 영원히 주시는 땅에서 길이 살 것입니다.

마가복음 14:38 시험에 들지 않게 깨어 있어 기도하라
마음에는 원이로되 육신이 약하도다 하시고

새번역 너희는 유혹에 빠지지 않도록, 깨어서 기도하여라.
마음은 원하지만, 육신이 약하구나!

묵상하기

모세는 첫 번째 설교를 마치면서 신명기의 핵심주제인 하나님의 사랑과 하나님의 유일성을 언급하고 있습니다(신 4:37-40). 하나님께서 이스라엘을 먼저 사랑하셔서 택하시고, 하나님의 큰 권능으로 그들을 애굽에서 인도하시고, 광야에서 여러 강대한 민족들 가운데 보호하시고, 약속의 땅으로 인도하신 것을 이야기하는 것이지요. 바로 그 하나님이 온 우주의 주인이신, 유일하신 하나님이며 그렇기 때문에 하나님의 명령에 순종하는 것이 마땅하다고 이스라엘의 새로운 세대에게 가르치고 있습니다.

신명기 4:39

신명기 4:40

마가복음 14:38

사도행전 16:31 이르되 주 예수를 믿으라
그리하면 너와 네 집이 구원을 받으리라 하고
새번역 그들이 대답하였다. "주 예수를 믿으시오.
그리하면 그대와 그대의 집안이 구원을 얻을 것입니다."

창세기 2:24 이러므로 남자가 부모를 떠나
그의 아내와 합하여 둘이 한 몸을 이룰지로다
새번역 그러므로 남자는 아버지와 어머니를 떠나,
아내와 결합하여 한 몸을 이루는 것이다.

야고보서 2:13 긍휼을 행하지 아니하는 자에게는 긍휼 없는 심판이 있으리라
긍휼은 심판을 이기고 자랑하느니라
새번역 심판은 자비를 베풀지 않는 사람에게는 무자비합니다.
그러나 자비는 심판을 이깁니다.

로마서 12:5 이와 같이 우리 많은 사람이
그리스도 안에서 한 몸이 되어 서로 지체가 되었느니라
새번역 이와 같이, 우리도 여럿이지만
그리스도 안에서 한 몸을 이루고 있으며, 각 사람은 서로 지체입니다.

사도행전 16:31

창세기 2:24

야고보서 2:13

로마서 12:5

베드로전서 4:7 만물의 마지막이 가까이 왔으니
그러므로 너희는 정신을 차리고 근신하여 기도하라

새번역 만물의 마지막이 가까이 왔습니다.
그러므로 정신을 차리고, 삼가 조심하여 기도하십시오.

베드로전서 4:8 무엇보다도 뜨겁게 서로 사랑할지니 사랑은 허다한 죄를 덮느니라

새번역 무엇보다도 먼저 서로 뜨겁게 사랑하십시오. 사랑은 허다한 죄를 덮어 줍니다.

고린도전서 13:4 사랑은 오래 참고 사랑은 온유하며 시기하지 아니하며
사랑은 자랑하지 아니하며 교만하지 아니하며

새번역 사랑은 오래 참고, 친절합니다. 사랑은 시기하지 않으며,
뽐내지 않으며, 교만하지 않습니다.

고린도전서 13:5 무례히 행하지 아니하며 자기의 유익을 구하지 아니하며
성내지 아니하며 악한 것을 생각하지 아니하며

새번역 사랑은 무례하지 않으며, 자기의 이익을 구하지 않으며,
성을 내지 않으며, 원한을 품지 않습니다.

베드로전서 4:7

베드로전서 4:8

고린도전서 13:4

고린도전서 13:5

고린도전서 13:6 불의를 기뻐하지 아니하며 진리와 함께 기뻐하고

새번역 사랑은 불의를 기뻐하지 않으며, 진리와 함께 기뻐합니다.

고린도전서 13:7 모든 것을 참으며 모든 것을 믿으며
모든 것을 바라며 모든 것을 견디느니라

새번역 사랑은 모든 것을 덮어 주며, 모든 것을 믿으며,
모든 것을 바라며, 모든 것을 견딥니다.

사도행전 20:24 내가 달려갈 길과 주 예수께 받은 사명
곧 하나님의 은혜의 복음을 증언하는 일을 마치려 함에는
나의 생명조차 조금도 귀한 것으로 여기지 아니하노라

새번역 그러나 내가 나의 달려갈 길을 다 달리고, 주 예수께 받은 사명,
곧 하나님의 은혜의 복음을 증언하는 일을 다하기만 하면,
나는 내 목숨이 조금도 아깝지 않습니다.

묵상하기

바울 사도는 고린도전서 12장을 마치면서 은사를 사용하는 "가장 좋은 길"(고전 12:31)을 제시합니다. 그것은 바로 '사랑'입니다. 사랑은 그리스도인의 행동강령인 십계명의 요약이고 예수님이 주신 새 계명이며 성령의 열매(갈 5:22)이자 그리스도인의 삶을 지배하는 원리이지요. 그래서 은사에 대한 설명인 12장과 14장 사이에 13장을 할애하여 설명하고 있습니다. 13장에 나오는 이러한 사랑으로 행해지는 은사들을 통해서 교회는 든든히 세워져 갑니다.

고린도전서 13:6

고린도전서 13:7

사도행전 20:24

민수기 9:23

곧 그들이 여호와의 명령을 따라 진을 치며
여호와의 명령을 따라 행진하고 또 모세를 통하여 이르신
여호와의 명령을 따라 여호와의 직임을 지켰더라

새번역 이렇게 그들은 주님의 지시에 따라 진을 쳤고, 주님의 지시에 따라 길을 떠났다. 그들은, 주님께서 모세를 시켜 분부하신 대로, 주님의 명령을 지켰다.

빌립보서 3:8

또한 모든 것을 해로 여김은 내 주 그리스도 예수를 아는 지식이
가장 고상하기 때문이라 내가 그를 위하여 모든 것을 잃어버리고
배설물로 여김은 그리스도를 얻고

새번역 그뿐만 아니라, 내 주 예수 그리스도를 아는 지식이 가장 고귀하므로, 나는 그밖의 모든 것을 해로 여깁니다. 나는 그리스도 때문에 모든 것을 잃었고, 그 모든 것을 오물로 여깁니다. 나는 그리스도를 얻고,

요한일서 4:12

어느 때나 하나님을 본 사람이 없으되
만일 우리가 서로 사랑하면 하나님이 우리 안에 거하시고
그의 사랑이 우리 안에 온전히 이루어지느니라

새번역 지금까지 하나님을 본 사람은 없습니다. 그러나 우리가 서로 사랑하면, 하나님이 우리 가운데 계시고, 또 하나님의 사랑이 우리 가운데서 완성된 것입니다.

민수기 9:23

빌립보서 3:8

요한일서 4:12

전도서 9:9 네 헛된 평생의 모든 날 곧 하나님이 해 아래에서 네게 주신 모든 헛된 날에 네가 사랑하는 아내와 함께 즐겁게 살지어다 그것이 네가 평생에 해 아래에서 수고하고 얻은 네 몫이니라

새번역 너의 헛된 모든 날, 하나님이 세상에서 너에게 주신 덧없는 모든 날에 너는 너의 사랑하는 아내와 더불어 즐거움을 누려라. 그것은 네가 사는 동안에, 세상에서 애쓴 수고로 받는 몫이다.

누가복음 12:15 그들에게 이르시되 삼가 모든 탐심을 물리치라 사람의 생명이 그 소유의 넉넉한 데 있지 아니하니라

새번역 그리고 사람들에게 말씀하셨다. "너희는 조심하여, 온갖 탐욕을 멀리하여라. 재산이 차고 넘치더라도, 사람의 생명은 거기에 달려 있지 않다."

잠언 18:21 죽고 사는 것이 혀의 힘에 달렸나니 혀를 쓰기 좋아하는 자는 혀의 열매를 먹으리라

새번역 죽고 사는 것이 혀의 힘에 달렸으니, 혀를 잘 쓰는 사람은 그 열매를 먹는다.

묵상하기

'지혜'는 쉽게 말해, '삶의 실제적 지침' 곧 '삶을 잘 사는 기술'이라고 할 수 있습니다. 잠언은 지혜를 가르치는 책이지요. 즉 삶을 잘 사는 기술을 알려주고, 이를 통해 참된 성공을 거두도록 안내하는 책입니다.

잠언에서 말하는 '지혜'란 무엇일까요? 그것은 바로 '의롭게 사는 것'입니다. 거짓되고 악한 길을 버리고 정직하고 의로운 길을 가는 것이 잘 사는 것이라고 가르치고 있습니다. 여기서 '의'가 무엇이고 어떻게 사는 것이 '의로운 삶'인지를 규정하는 분은 바로 하나님이십니다. 그래서 "여호와를 경외하는 것이 지혜의 근본"(잠 1:7, 9:10)인 것이지요.

전도서 9:9

누가복음 12:15

잠언 18:21

로마서 5:5

소망이 우리를 부끄럽게 하지 아니함은 우리에게 주신
성령으로 말미암아 하나님의 사랑이 우리 마음에 부은 바 됨이니

새번역 이 희망은 우리를 실망시키지 않습니다. 하나님께서 우리에게 주신
성령을 통하여 그의 사랑을 우리 마음속에 부어 주셨기 때문입니다.

로마서 5:6

우리가 아직 연약할 때에 기약대로
그리스도께서 경건하지 않은 자를 위하여 죽으셨도다

새번역 우리가 아직 약할 때에, 그리스도께서는 제 때에,
경건하지 않은 사람을 위하여 죽으셨습니다.

요한복음 1:11

자기 땅에 오매 자기 백성이 영접하지 아니하였으나

새번역 그가 자기 땅에 오셨으나, 그의 백성은 그를 맞아들이지 않았다.

요한복음 1:12

영접하는 자 곧 그 이름을 믿는 자들에게는
하나님의 자녀가 되는 권세를 주셨으니

새번역 그러나 그를 맞아들인 사람들, 곧 그 이름을 믿는 사람들에게는,
하나님의 자녀가 되는 특권을 주셨다.

로마서 5:5

로마서 5:6

요한복음 1:11

요한복음 1:12

요한복음 14:6 예수께서 이르시되 내가 곧 길이요 진리요 생명이니
나로 말미암지 않고는 아버지께로 올 자가 없느니라

새번역 예수께서 그에게 말씀하셨다. "나는 길이요, 진리요, 생명이다.
나를 거치지 않고서는, 아무도 아버지께로 갈 사람이 없다."

역대상 17:20 여호와여 우리 귀로 들은 대로는
주와 같은 이가 없고 주 외에는 하나님이 없나이다

새번역 주님, 우리의 귀로 다 들어 보았습니다만, 주님과 같은 분이 또 계시다는 말은 들어 본 적이 없고, 주님 밖에 또 다른 하나님이 있다는 말도 들어 본 적이 없습니다.

사도행전 4:12 다른 이로써는 구원을 받을 수 없나니 천하 사람 중에 구원을
받을 만한 다른 이름을 우리에게 주신 일이 없음이라 하였더라

새번역 이 예수밖에는, 다른 아무에게도 구원은 없습니다.
사람들에게 주신 이름 가운데 우리가 의지하여 구원을 얻어야 할 이름은,
하늘 아래에 이 이름밖에 다른 이름이 없습니다.

묵상하기

도마의 질문(요 14:5)에 예수님은 자신이 하나님의 진리이고 생명이기 때문에 하나님께 이르는 단 하나의 길이라고 말씀하십니다(6절). 특히 요한복음 14장 6절은 예수님만이 하나님 아버지께 이르는 유일한 길이라는 사실이 강조되어 있습니다. 다른 길이 아니라 오직 한 길, 곧 예수 그리스도만이 하나님께 갈 수 있는 길입니다.

하나님께서는 예수님 이외에 구원 받을 수 있는 다른 이름을 우리에게 주신 적이 없습니다!(행 4:12).

요한복음 14:6

역대상 17:20

사도행전 4:12

로마서 12:1 그러므로 형제들아 내가 하나님의 모든 자비하심으로
너희를 권하노니 너희 몸을 하나님이 기뻐하시는 거룩한
산 제물로 드리라 이는 너희가 드릴 영적 예배니라

새번역 형제자매 여러분, 그러므로 나는 하나님의 자비하심을 힘입어
여러분에게 권합니다. 여러분의 몸을 하나님께서 기뻐하실 거룩한
산 제물로 드리십시오. 이것이 여러분이 드릴 합당한 예배입니다.

로마서 12:2 너희는 이 세대를 본받지 말고 오직 마음을 새롭게 함으로
변화를 받아 하나님의 선하시고 기뻐하시고 온전하신 뜻이
무엇인지 분별하도록 하라

새번역 여러분은 이 시대의 풍조를 본받지 말고, 마음을 새롭게 함으로 변화를 받아서,
하나님의 선하시고 기뻐하시고 완전하신 뜻이 무엇인지를 분별하도록 하십시오.

로마서 12:3 내게 주신 은혜로 말미암아 너희 각 사람에게 말하노니
마땅히 생각할 그 이상의 생각을 품지 말고 오직 하나님께서
각 사람에게 나누어 주신 믿음의 분량대로 지혜롭게 생각하라

새번역 나는 내가 받은 은혜를 힘입어서, 여러분 각 사람에게 말합니다.
여러분은 스스로 마땅히 생각해야 하는 것 이상으로 생각하지 말고,
하나님께서 각 사람에게 나누어주신 믿음의 분량대로, 분수에 맞게 생각하십시오.

로마서 12:1

로마서 12:2

로마서 12:3

로마서 12:9

사랑에는 거짓이 없나니 악을 미워하고 선에 속하라

새번역 사랑에는 거짓이 없어야 합니다.
악한 것을 미워하고, 선한 것을 굳게 잡으십시오.

시편 8:1

여호와 우리 주여 주의 이름이 온 땅에 어찌 그리 아름다운지요
주의 영광이 하늘을 덮었나이다

새번역 주 우리 하나님, 주님의 이름이 온 땅에서 어찌 그리 위엄이 넘치는지요?
저 하늘 높이까지 주님의 위엄 가득합니다.

시편 8:4

사람이 무엇이기에 주께서 그를 생각하시며
인자가 무엇이기에 주께서 그를 돌보시나이까

새번역 사람이 무엇이기에 주님께서 이렇게까지 생각하여 주시며,
사람의 아들이 무엇이기에 주님께서 이렇게까지 돌보아 주십니까?

에베소서 6:7

기쁜 마음으로 섬기기를 주께 하듯 하고
사람들에게 하듯 하지 말라

새번역 사람에게가 아니라 주님께 하듯이, 기쁜 마음으로 섬기십시오.

로마서 12:9

시편 8:1

시편 8:4

에베소서 6:7

요한일서 3:23 그의 계명은 이것이니 곧 그 아들 예수 그리스도의 이름을 믿고
그가 우리에게 주신 계명대로 서로 사랑할 것이니라

새번역 하나님의 계명은 이것이니, 곧 그 아들 예수 그리스도의 이름을 믿고, 그리스도께서 우리에게 명하신 대로 서로 사랑하라는 것입니다.

잠언 8:17 나를 사랑하는 자들이 나의 사랑을 입으며
나를 간절히 찾는 자가 나를 만날 것이니라

새번역 나는, 나를 사랑하는 사람을 사랑하며, 나를 간절히 찾는 사람을 만나준다.

야고보서 1:5 너희 중에 누구든지 지혜가 부족하거든
모든 사람에게 후히 주시고 꾸짖지 아니하시는
하나님께 구하라 그리하면 주시리라

새번역 여러분 가운데 누구든지 지혜가 부족하거든, 모든 사람에게 아낌없이 주시고 나무라지 않으시는 하나님께 구하십시오. 그리하면 받을 것입니다.

야고보서 1:6 오직 믿음으로 구하고 조금도 의심하지 말라
의심하는 자는 마치 바람에 밀려 요동하는 바다 물결 같으니

새번역 조금도 의심하지 말고, 믿고 구해야 합니다.
의심하는 사람은 마치 바람에 밀려서 출렁이는 바다 물결과 같습니다.

요한일서 3:23

잠언 8:17

야고보서 1:5

야고보서 1:6

누가복음 23:46 예수께서 큰 소리로 불러 이르시되 아버지 내 영혼을 아버지 손에 부탁하나이다 하고 이 말씀을 하신 후 숨지시니라

새번역 예수께서 큰 소리로 부르짖어 말씀하셨다. "아버지, 내 영혼을 아버지 손에 맡깁니다." 이 말씀을 하시고, 그는 숨을 거두셨다.

고린도전서 13:13 그런즉 믿음, 소망, 사랑, 이 세 가지는 항상 있을 것인데 그중의 제일은 사랑이라

새번역 그러므로 믿음, 소망, 사랑, 이 세 가지는 항상 있을 것인데, 그 가운데서 으뜸은 사랑입니다.

야고보서 4:8 하나님을 가까이하라 그리하면 너희를 가까이하시리라
죄인들아 손을 깨끗이 하라
두 마음을 품은 자들아 마음을 성결하게 하라

새번역 하나님께로 가까이 가십시오. 그리하면 하나님께서 가까이 오실 것입니다.
죄인들이여, 손을 깨끗이 하십시오.
두 마음을 품은 사람들이여, 마음을 순결하게 하십시오.

묵상하기

십자가형은 로마시대까지 존재했던 악명 높은 최고형이었습니다. 보통 국가에 반역하거나 쿠데타를 일으킨 정치범을 십자가형에 처했는데, 유대인에게는 사형시킬 권한이 없으므로 예수님을 로마에 대항한 반란자로 몰아 죽음에 이르도록 한 것입니다.
예수님은 십자가형을 통해 이사야 53장 12절의 "이는 그가 자기 영혼을 버려 사망에 이르게 하며 범죄자 중 하나로 헤아림을 받았음이니라"는 예언을 성취하셨습니다.

누가복음 23:46

고린도전서 13:13

야고보서 4:8

마태복음 28:19 그러므로 너희는 가서 모든 민족을 제자로 삼아
아버지와 아들과 성령의 이름으로 세례를 베풀고

새번역 그러므로 너희는 가서, 모든 민족을 제자로 삼아서,
아버지와 아들과 성령의 이름으로 세례를 주고,

마태복음 28:20 내가 너희에게 분부한 모든 것을 가르쳐 지키게 하라
볼지어다 내가 세상 끝날까지 너희와 항상 함께 있으리라 하시니라

새번역 내가 너희에게 명령한 모든 것을 그들에게 가르쳐 지키게 하여라.
보아라, 내가 세상 끝 날까지 항상 너희와 함께 있을 것이다.

요한복음 1:29 이튿날 요한이 예수께서 자기에게 나아오심을 보고 이르되
보라 세상 죄를 지고 가는 하나님의 어린 양이로다

새번역 다음 날 요한은 예수께서 자기에게 오시는 것을 보고 말하였다.
"보시오, 세상 죄를 지고 가는 하나님의 어린 양입니다."

묵상하기

마태복음 28장 18-20절은 예수님이 우리에게 주신 마지막 명령(대위임령)입니다. 이 말씀의 유일한 동사는 '제자를 삼아라'입니다(헬라어 원문에서 나머지 동사는 분사형). 제자를 삼는 과정은 세 단계로 이루어져 있습니다. 첫째는 '가서' 둘째는 '세례를 베풀고' 셋째는 '모든 것을 가르쳐 지키게 하라'입니다. 마태복음의 마지막은 "하나님이 우리와 함께 계시다"(마 1:23)라는 말씀으로 주님의 임재를 확신시키고 있습니다. 그와 동시에 "내가 세상 끝날까지 너희와 항상 함께 있으리라"는 말씀으로 우리를 격려하십니다.

마태복음 28:19

마태복음 28:20

요한복음 1:29

출애굽기 3:14 하나님이 모세에게 이르시되 나는 스스로 있는 자이니라
또 이르시되 너는 이스라엘 자손에게 이같이 이르기를
스스로 있는 자가 나를 너희에게 보내셨다 하라

새번역 하나님이 모세에게 대답하셨다. "나는 곧 나다. 너는 이스라엘 자손에게 이르기를, '나'라고 하는 분이 너를 그들에게 보냈다고 하여라."

출애굽기 3:15 하나님이 또 모세에게 이르시되 너는 이스라엘 자손에게
이같이 이르기를 너희 조상의 하나님 여호와 곧 아브라함의 하나님,
이삭의 하나님, 야곱의 하나님께서 나를 너희에게 보내셨다 하라
이는 나의 영원한 이름이요 대대로 기억할 나의 칭호니라

새번역 하나님이 다시 모세에게 말씀하셨다. "너는 이스라엘 자손에게 이르기를 '여호와, 너희 조상의 하나님, 곧 아브라함의 하나님, 이삭의 하나님, 야곱의 하나님이 나를 너희에게 보내셨다' 하여라. 이것이 영원한 나의 이름이며, 이것이 바로 너희가 대대로 기억할 나의 이름이다."

묵상하기

고대문화에서 이름을 안다는 것은 그 대상의 본성에 대해 아는 것을 뜻합니다. 하나님을 대면한 모세가 하나님의 이름을 묻는 것은, 이집트의 문명과 이방 신의 문화에 익숙한 이스라엘 백성에게 하나님을 무엇이라고 설명해야 하는지를 묻는 것입니다. 이에 하나님은 "나는 스스로 있는 자이니라"(I am who I am)라고 대답하십니다. 이는 무엇에 근거해서 존재하지 않고 스스로 존재하는 분이라는 뜻으로, 영원하신 존재이자 피조물이 아닌 창조주라는 사실을 밝히시는 것입니다.

출애굽기 3:14

출애굽기 3:15

에베소서 4:12 이는 성도를 온전하게 하여 봉사의 일을 하게 하며
그리스도의 몸을 세우려 하심이라

새번역 그것은 성도들을 준비시켜서, 봉사의 일을 하게 하고,
그리스도의 몸을 세우게 하려고 하는 것입니다.

에베소서 4:13 우리가 다 하나님의 아들을 믿는 것과 아는 일에 하나가 되어
온전한 사람을 이루어 그리스도의 장성한 분량이
충만한 데까지 이르리니

새번역 그리하여 우리 모두가 하나님의 아들을 믿는 일과 아는 일에 하나가 되고,
온전한 사람이 되어서, 그리스도의 충만하심의 경지에까지 다다르게 됩니다.

히브리서 1:1 옛적에 선지자들을 통하여 여러 부분과 여러 모양으로
우리 조상들에게 말씀하신 하나님이

새번역 하나님께서 옛날에는 예언자들을 통하여, 여러 번에 걸쳐
여러 가지 방법으로 우리 조상들에게 말씀하셨으나,

히브리서 1:2 이 모든 날 마지막에는 아들을 통하여 우리에게 말씀하셨으니
이 아들을 만유의 상속자로 세우시고 또 그로 말미암아
모든 세계를 지으셨느니라

새번역 이 마지막 날에는 아들을 통하여 우리에게 말씀하셨습니다.
하나님께서는 이 아들을 만물의 상속자로 세우셨습니다.
그를 통하여 온 세상을 지으신 것입니다.

에베소서 4:12

에베소서 4:13

히브리서 1:1

히브리서 1:2

창세기 1:1

태초에 하나님이 천지를 창조하시니라

새번역 태초에 하나님이 천지를 창조하셨다.

요한복음 1:1

태초에 말씀이 계시니라 이 말씀이 하나님과 함께 계셨으니 이 말씀은 곧 하나님이시니라

새번역 태초에 '말씀'이 계셨다. 그 '말씀'은 하나님과 함께 계셨다. 그 '말씀'은 하나님이셨다.

요한일서 1:1

태초부터 있는 생명의 말씀에 관하여는 우리가 들은 바요 눈으로 본 바요 자세히 보고 우리의 손으로 만진 바라

새번역 이 글은 생명의 말씀에 관한 것입니다. 이 생명의 말씀은 태초부터 계신 것이요, 우리가 들은 것이요, 우리가 눈으로 본 것이요, 우리가 지켜본 것이요, 우리가 손으로 만져본 것입니다.

요한복음 1:14

말씀이 육신이 되어 우리 가운데 거하시매 우리가 그의 영광을 보니 아버지의 독생자의 영광이요 은혜와 진리가 충만하더라

새번역 그 말씀은 육신이 되어 우리 가운데 사셨다. 우리는 그의 영광을 보았다. 그것은 아버지께서 주신, 외아들의 영광이었다. 그는 은혜와 진리가 충만하였다.

창세기 1:1

요한복음 1:1

요한일서 1:1

요한복음 1:14

고린도전서 12:7 각 사람에게 성령을 나타내심은 유익하게 하려 하심이라

새번역 각 사람에게 성령을 나타내 주시는 것은 공동 이익을 위한 것입니다.

사도행전 2:23 그가 하나님께서 정하신 뜻과 미리 아신 대로 내준 바 되었거늘 너희가 법 없는 자들의 손을 빌려 못 박아 죽였으나

새번역 이 예수께서 버림을 받으신 것은 하나님이 정하신 계획을 따라 미리 알고 계신 대로 된 일이지만, 여러분은 그를 무법자들의 손을 빌어서 십자가에 못 박아 죽였습니다.

마가복음 10:45 인자가 온 것은 섬김을 받으려 함이 아니라 도리어 섬기려 하고 자기 목숨을 많은 사람의 대속물로 주려 함이니라

새번역 인자는 섬김을 받으러 온 것이 아니라 섬기러 왔으며, 많은 사람을 구원하기 위하여 치를 몸값으로 자기 목숨을 내주러 왔다.

레위기 11:45 나는 너희의 하나님이 되려고 너희를 애굽 땅에서 인도하여 낸 여호와라 내가 거룩하니 너희도 거룩할지어다

새번역 나는 너희 하나님이 되려고, 너희를 이집트 땅에서 데리고 나온 주다. 내가 거룩하니, 너희도 거룩하게 되어야 한다.

고린도전서 12:7

사도행전 2:23

마가복음 10:45

레위기 11:45

잠언 6:16 여호와께서 미워하시는 것
곧 그의 마음에 싫어하시는 것이 예닐곱 가지이니

새번역 주님께서 미워하시는 것, 주님께서 싫어하시는 것이 예닐곱 가지이다.

잠언 6:17 곧 교만한 눈과 거짓된 혀와 무죄한 자의 피를 흘리는 손과

새번역 교만한 눈과 거짓말하는 혀와 무죄한 사람을 피 흘리게 하는 손과

잠언 6:18 악한 계교를 꾀하는 마음과 빨리 악으로 달려가는 발과

새번역 악한 계교를 꾸미는 마음과 악한 일을 저지르려고 치닫는 발과,

잠언 6:19 거짓을 말하는 망령된 증인과 및 형제 사이를 이간하는 자이니라

새번역 거짓으로 증거하는 사람과, 친구 사이를 이간하는 사람이다.

묵상하기

하나님이 가증히 여기시는 일곱 가지 죄에는 인간의 죄성에 대한 통찰이 담겨 있습니다.

여기 하나님이 미워하시는 여섯 가지가 있고, 그분이 몹시 싫어하시는 한 가지가 더 있다.
거만한 눈, 거짓말하는 혀, 죄 없는 사람을 살해하는 손, 흉계를 꾸미는 마음,
악한 길로 급히 달려가는 발, 거짓 증언하는 증인의 입, 집안에서 분쟁을 일으키는 자.
_『메시지 시가서』(유진 피터슨, 복있는사람) 잠언 6장 16-19절 중에서

잠언 6:16

잠언 6:17

잠언 6:18

잠언 6:19

느헤미야 8:10b 이 날은 우리 주의 성일이니 근심하지 말라
여호와로 인하여 기뻐하는 것이 너희의 힘이니라 하고

새번역 오늘은 우리 주님의 거룩한 날입니다.
주님 앞에서 기뻐하면 힘이 생기는 법이니, 슬퍼하지들 마십시오.

데살로니가전서 5:16 항상 기뻐하라

새번역 항상 기뻐하십시오.

데살로니가전서 5:17 쉬지 말고 기도하라

새번역 끊임없이 기도하십시오.

데살로니가전서 5:18 범사에 감사하라
이것이 그리스도 예수 안에서 너희를 향하신 하나님의 뜻이니라

새번역 모든 일에 감사하십시오.
이것이 그리스도 예수 안에서 여러분에게 바라시는 하나님의 뜻입니다.

느헤미야 8:10b

데살로니가전서 5:16

데살로니가전서 5:17

데살로니가전서 5:18

레위기 19:18

원수를 갚지 말며 동포를 원망하지 말며
네 이웃 사랑하기를 네 자신과 같이 사랑하라 나는 여호와이니라

새번역 한 백성끼리 앙심을 품거나 원수 갚는 일이 없도록 하여라.
다만 너는 너의 이웃을 네 몸처럼 사랑하여라. 나는 주다.

빌립보서 3:20

그러나 우리의 시민권은 하늘에 있는지라
거기로부터 구원하는 자 곧 주 예수 그리스도를 기다리노니

새번역 그러나 우리의 시민권은 하늘에 있습니다.
그곳으로부터 우리는 구주로 오실 주 예수 그리스도를 기다리고 있습니다.

빌립보서 3:21

그는 만물을 자기에게 복종하게 하실 수 있는 자의 역사로
우리의 낮은 몸을 자기 영광의 몸의 형체와 같이 변하게 하시리라

새번역 그분은 만물을 복종시킬 수 있는 권능으로, 우리의 비천한 몸을 변화시키셔서,
자기의 영광스러운 몸과 같은 모습이 되게 하실 것입니다.

묵상하기

빌립보는 로마의 식민지이자 황제가 퇴역군인에게 제공한 도시였습니다. 그래서 그들은 로마 시민권을 가지고 있었는데 이 시민권을 자랑스럽게 여겼습니다. 이런 배경 속에서 로마 시민으로서 합당하게 행동하라는 표현을 빌려와, 바울은 그리스도의 복음에 합당한 하나님 나라의 시민답게 행동하라고 당부하고 있는 것입니다.

또한 하늘의 시민권을 가지고 있는 그리스도인은 이 세상에서 살아가지만 세상에 속하지 않은 나그네로 살아가게 됩니다. 그렇기 때문에 이 세상을 따라 살지 않고 예수 그리스도를 본받아 살아갈 수 있습니다.

레위기 19:18

빌립보서 3:20

빌립보서 3:21

출애굽기 20:3 **너는 나 외에는 다른 신들을 네게 두지 말라**

새번역 너희는 내 앞에서 다른 신들을 섬기지 못한다.

출애굽기 20:12 **네 부모를 공경하라**
그리하면 네 하나님 여호와가 네게 준 땅에서 네 생명이 길리라

새번역 너희 부모를 공경하여라. 그래야 너희는
주 너희 하나님이 너희에게 준 땅에서 오래도록 살 것이다.

출애굽기 20:17 **네 이웃의 집을 탐내지 말라**
네 이웃의 아내나 그의 남종이나 그의 여종이나
그의 소나 그의 나귀나 무릇 네 이웃의 소유를 탐내지 말라

새번역 너희 이웃의 집을 탐내지 못한다. 너희 이웃의 아내나 남종이나 여종이나
소나 나귀나 할 것 없이, 너희 이웃의 소유는 어떤 것도 탐내지 못한다.

묵상하기

십계명은 그리스도인이 이 땅에서 어떻게 살아야 하는지를 가르쳐줍니다. 하나님이 구원받은 그의 백성에게 삶의 지침으로 주신 것입니다. 구원의 조건이 아니라, 구원의 결과로 주신 것이지요. 즉 십계명은 구원의 길(조건)로 주어진 것이 아니라, 구원받은 이의 삶의 길(결과)로서 주어진 것입니다. 그래서 야고보서와 갈라디아서에서 '자유롭게 하는 율법'이라고 한 것이지요. 우리는 하나님의 법 안에서 살 때 가장 자유롭습니다.
예수님은 십계명을 한마디로 요약해주셨습니다. 그 한마디는 바로 '사랑'입니다.

출애굽기 20:3

출애굽기 20:12

출애굽기 20:17

골로새서 3:17 또 무엇을 하든지 말에나 일에나 다 주 예수의 이름으로 하고
그를 힘입어 하나님 아버지께 감사하라
새번역 그리고 말이든 행동이든 무엇을 하든지, 모든 것을 주 예수의 이름으로 하고,
그분에게서 힘을 얻어서, 하나님 아버지께 감사를 드리십시오.

시편 139:16 내 형질이 이루어지기 전에 주의 눈이 보셨으며 나를 위하여
정한 날이 하루도 되기 전에 주의 책에 다 기록이 되었나이다
새번역 나의 형질이 갖추어지기도 전부터, 주님께서는 나를 보고 계셨으며,
나에게 정하여진 날들이 아직 시작되기도 전에 이미 주님의 책에 다 기록되었습니다.

시편 139:17 하나님이여 주의 생각이 내게 어찌 그리 보배로우신지요
그 수가 어찌 그리 많은지요
새번역 하나님, 주님의 생각이 어찌 그리도 심오한지요?
그 수가 어찌 그렇게도 많은지요?

누가복음 2:14 지극히 높은 곳에서는 하나님께 영광이요
땅에서는 하나님이 기뻐하신 사람들 중에 평화로다 하니라
새번역 "더없이 높은 곳에서는 하나님께 영광이요,
땅에서는 주님께서 좋아하시는 사람들에게 평화로다."

골로새서 3:17

시편 139:16

시편 139:17

누가복음 2:14

고린도전서 6:19 너희 몸은 너희가 하나님께로부터 받은 바
너희 가운데 계신 성령의 전인 줄을 알지 못하느냐
너희는 너희 자신의 것이 아니라

새번역 여러분의 몸은 여러분 안에 계신 성령의 성전이라는 것을 알지 못합니까?
여러분은 성령을 하나님으로부터 받아서 모시고 있습니다.
여러분은 여러분 자신의 것이 아닙니다.

누가복음 17:33 무릇 자기 목숨을 보전하고자 하는 자는 잃을 것이요
잃는 자는 살리리라

새번역 누구든지 자기 목숨을 보존하려고 애쓰는 사람은 잃을 것이요,
목숨을 잃는 사람은 보존할 것이다.

시편 133:1 보라 형제가 연합하여 동거함이 어찌 그리 선하고 아름다운고

새번역 그 얼마나 아름답고 즐거운가! 형제자매가 어울려서 함께 사는 모습!

골로새서 4:5 외인에게 대해서는 지혜로 행하여 세월을 아끼라

새번역 외부 사람들에게는 지혜롭게 대하고, 기회를 선용하십시오.

고린도전서 6:19

누가복음 17:33

시편 133:1

골로새서 4:5

역대상 16:34

여호와께 감사하라
그는 선하시며 그의 인자하심이 영원함이로다

새번역 주님께 감사하여라. 그는 선하시며, 그의 인자하심은 영원하시다.

요한복음 4:23

아버지께 참되게 예배하는 자들은 영과 진리로 예배할 때가 오나니
곧 이 때라 아버지께서는 자기에게 이렇게
예배하는 자들을 찾으시느니라

새번역 참되게 예배를 드리는 사람들이 영과 진리로 아버지께 예배를 드릴 때가 온다.
지금이 바로 그 때이다. 아버지께서는 이렇게 예배를 드리는 사람들을 찾으신다.

요한복음 4:24

하나님은 영이시니 예배하는 자가 영과 진리로 예배할지니라

새번역 하나님은 영이시다. 그러므로 하나님께 예배를 드리는 사람은
영과 진리로 예배를 드려야 한다.

마태복음 24:42

그러므로 깨어 있으라
어느 날에 너희 주가 임할는지 너희가 알지 못함이니라

새번역 그러므로 깨어 있어라.
너희는 너희 주님께서 어느 날에 오실지를 알지 못하기 때문이다.

역대상 16:34

요한복음 4:23

요한복음 4:24

마태복음 24:42

신명기 6:4 이스라엘아 들으라 우리 하나님 여호와는 오직 유일한 여호와이시니

새번역 이스라엘은 들으십시오. 주님은 우리의 하나님이시요,
주님은 오직 한 분뿐이십니다.

신명기 6:5 너는 마음을 다하고 뜻을 다하고 힘을 다하여
네 하나님 여호와를 사랑하라

새번역 당신들은 마음을 다하고 뜻을 다하고 힘을 다하여,
주 당신들의 하나님을 사랑하십시오.

신명기 6:6 오늘 내가 네게 명하는 이 말씀을 너는 마음에 새기고

새번역 내가 오늘 당신들에게 명하는 이 말씀을 마음에 새기고,

신명기 6:7 네 자녀에게 부지런히 가르치며 집에 앉았을 때에든지
길을 갈 때에든지 누워 있을 때에든지 일어날 때에든지
이 말씀을 강론할 것이며

새번역 자녀에게 부지런히 가르치며, 집에 앉아 있을 때나 길을 갈 때나,
누워 있을 때나 일어나 있을 때나, 언제든지 가르치십시오.

신명기 6:4

신명기 6:5

신명기 6:6

신명기 6:7

베드로전서 4:11

만일 누가 말하려면 하나님의 말씀을 하는 것같이 하고
누가 봉사하려면 하나님이 공급하시는 힘으로 하는 것같이 하라
이는 범사에 예수 그리스도로 말미암아 하나님이 영광을 받으시게
하려 함이니 그에게 영광과 권능이 세세에 무궁하도록 있느니라 아멘

새번역 말을 하는 사람은 하나님의 말씀을 전파하는 사람답게 하고,
봉사하는 사람은 하나님께서 주시는 힘으로 봉사하는 사람답게 하십시오.
그리하면 하나님이 모든 일에 예수 그리스도로 말미암아 영광을 받으실 것입니다.
영광과 권세가 영원무궁하도록 그에게 있습니다. 아멘.

시편 57:7

하나님이여 내 마음이 확정되었고 내 마음이 확정되었사오니
내가 노래하고 내가 찬송하리이다

새번역 하나님, 나는 내 마음을 정했습니다. 나는 내 마음을 확실히 정했습니다.
내가 가락에 맞추어 노래를 부르겠습니다.

욥기 42:5

내가 주께 대하여 귀로 듣기만 하였사오나
이제는 눈으로 주를 뵈옵나이다

새번역 주님이 어떤 분이시라는 것을, 지금까지는 제가 귀로만 들었습니다.
그러나 이제는 제가 제 눈으로 주님을 뵙습니다.

베드로전서 4:11

시편 57:7

욥기 42:5

로마서 3:28 그러므로 사람이 의롭다 하심을 얻는 것은
율법의 행위에 있지 않고 믿음으로 되는 줄 우리가 인정하노라

새번역 사람이 율법의 행위와는 상관없이
믿음으로 의롭다고 인정을 받는다고 우리는 생각합니다.

골로새서 3:2 위의 것을 생각하고 땅의 것을 생각하지 말라

새번역 여러분은 땅에 있는 것들을 생각하지 말고, 위에 있는 것들을 생각하십시오.

갈라디아서 5:13 형제들아 너희가 자유를 위하여 부르심을 입었으나 그러나
그 자유로 육체의 기회를 삼지 말고 오직 사랑으로 서로 종 노릇 하라

새번역 형제자매 여러분, 하나님께서는 여러분을 부르셔서,
자유를 누리게 하셨습니다. 그러나 여러분은 그 자유를
육체의 욕망을 만족시키는 구실로 삼지 말고, 사랑으로 서로 섬기십시오.

데살로니가후서 3:5 주께서 너희 마음을 인도하여 하나님의 사랑과
그리스도의 인내에 들어가게 하시기를 원하노라

새번역 주님께서 여러분의 마음을 인도하셔서, 여러분이, 하나님께서 사랑하시는
것과 같이 사랑하고, 그리스도께서 인내하시는 것과 같이 인내하기를 바랍니다.

로마서 3:28

골로새서 3:2

갈라디아서 5:13

데살로니가후서 3:5

로마서 12:15 즐거워하는 자들과 함께 즐거워하고 우는 자들과 함께 울라

새번역 기뻐하는 사람들과 함께 기뻐하고, 우는 사람들과 함께 우십시오.

시편 119:103 주의 말씀의 맛이 내게 어찌 그리 단지요
내 입에 꿀보다 더 다니이다

새번역 주님의 말씀의 맛이 내게 어찌 그리도 단지요? 내 입에는 꿀보다 더 답니다.

시편 119:105 주의 말씀은 내 발에 등이요 내 길에 빛이니이다

새번역 주님의 말씀은 내 발의 등불이요, 내 길의 빛입니다.

히브리서 4:12 하나님의 말씀은 살아 있고 활력이 있어 좌우에 날선 어떤 검보다도
예리하여 혼과 영과 및 관절과 골수를 찔러 쪼개기까지 하며
또 마음의 생각과 뜻을 판단하나니

새번역 하나님의 말씀은 살아 있고 힘이 있어서, 어떤 양날칼보다도 더 날카롭습니다. 그래서, 사람 속을 꿰뚫어 혼과 영을 갈라내고, 관절과 골수를 갈라놓기까지 하며, 마음에 품은 생각과 의도를 밝혀냅니다.

로마서 12:15

시편 119:103

시편 119:105

히브리서 4:12

디모데후서 3:16 모든 성경은 하나님의 감동으로 된 것으로
교훈과 책망과 바르게 함과 의로 교육하기에 유익하니

새번역 모든 성경은 하나님의 영감으로 된 것으로서 교훈과 책망과
바르게 함과 의로 교육하기에 유익합니다.

디모데후서 3:17 이는 하나님의 사람으로 온전하게 하며
모든 선한 일을 행할 능력을 갖추게 하려 함이라

새번역 성경은 하나님의 사람을 유능하게 하고,
그에게 온갖 선한 일을 할 수 있게 하는 것입니다.

야고보서 2:26 영혼 없는 몸이 죽은 것같이 행함이 없는 믿음은 죽은 것이니라

새번역 영혼이 없는 몸이 죽은 것과 같이, 행함이 없는 믿음은 죽은 것입니다.

묵상하기

성경은 하나님께서 우리에게 주신 유일한 기준입니다. 성경은 성령의 감동을 통해 유기적으로 기록된 것입니다. 그렇지만 하나님은 기록자의 삶과 학문, 성품 등을 간과하지 않으셨지요. 그렇기 때문에 성경의 궁극적인 저자는 하나님이십니다. 성경을 쓰신 분도, 선포하시는 분도, 깨닫게 하시는 분도 하나님입니다. 성경의 모든 부분에는 하나님의 숨결이 깃들어 있습니다.

디모데후서 3:16

디모데후서 3:17

야고보서 2:26

요한복음 13:34 새 계명을 너희에게 주노니 서로 사랑하라

내가 너희를 사랑한 것같이 너희도 서로 사랑하라

새번역 이제 나는 너희에게 새 계명을 준다. 서로 사랑하여라.
내가 너희를 사랑한 것같이, 너희도 서로 사랑하여라.

요한복음 13:35 너희가 서로 사랑하면

이로써 모든 사람이 너희가 내 제자인 줄 알리라

새번역 너희가 서로 사랑하면, 모든 사람이
그것으로써 너희가 내 제자인 줄을 알게 될 것이다.

고린도전서 3:16 너희는 너희가 하나님의 성전인 것과

하나님의 성령이 너희 안에 계시는 것을 알지 못하느냐

새번역 여러분은 하나님의 성전이며, 하나님의 성령이
여러분 안에 거하신다는 것을 알지 못합니까?

요한계시록 1:8 주 하나님이 이르시되 나는 알파와 오메가라

이제도 있고 전에도 있었고 장차 올 자요 전능한 자라 하시더라

새번역 지금도 계시고 전에도 계셨고 앞으로 오실
전능하신 주 하나님께서 "나는 알파요 오메가다" 하고 말씀하십니다.

요한복음 13:34

요한복음 13:35

고린도전서 3:16

요한계시록 1:8

로마서 8:10 또 그리스도께서 너희 안에 계시면 몸은 죄로 말미암아 죽은 것이나 영은 의로 말미암아 살아 있는 것이니라

새번역 또한 그리스도께서 여러분 안에 살아 계시면, 여러분의 몸은 죄 때문에 죽은 것이지만, 영은 의 때문에 생명을 얻습니다.

시편 90:12 우리에게 우리 날 계수함을 가르치사 지혜로운 마음을 얻게 하소서

새번역 우리에게 우리의 날을 세는 법을 가르쳐 주셔서 지혜의 마음을 얻게 해주십시오.

디모데후서 4:2 너는 말씀을 전파하라 때를 얻든지 못 얻든지 항상 힘쓰라 범사에 오래 참음과 가르침으로 경책하며 경계하며 권하라

새번역 그대는 말씀을 선포하십시오. 기회가 좋든지 나쁘든지, 꾸준하게 힘쓰십시오. 끝까지 참고 가르치면서, 책망하고 경계하고 권면하십시오.

마태복음 16:25 누구든지 제 목숨을 구원하고자 하면 잃을 것이요 누구든지 나를 위하여 제 목숨을 잃으면 찾으리라

새번역 누구든지 자기 목숨을 구하고자 하는 사람은 잃을 것이요, 나 때문에 자기 목숨을 잃는 사람은 찾을 것이다.

로마서 8:10

시편 90:12

디모데후서 4:2

마태복음 16:25

시편 139:13

주께서 내 내장을 지으시며 나의 모태에서 나를 만드셨나이다

새번역 주님께서 내 장기를 창조하시고, 내 모태에서 나를 짜 맞추셨습니다.

시편 139:14

내가 주께 감사하옴은 나를 지으심이 심히 기묘하심이라
주께서 하시는 일이 기이함을 내 영혼이 잘 아나이다

새번역 내가 이렇게 빚어진 것이 오묘하고 주님께서 하신 일이 놀라워,
이 모든 일로 내가 주님께 감사를 드립니다. 내 영혼은 이 사실을 너무도 잘 압니다.

잠언 9:10

여호와를 경외하는 것이 지혜의 근본이요
거룩하신 자를 아는 것이 명철이니라

새번역 주님을 경외하는 것이 지혜의 근본이요,
거룩하신 이를 아는 것이 슬기의 근본이다.

스바냐 1:6

여호와를 배반하고 따르지 아니한 자들과
여호와를 찾지도 아니하며 구하지도 아니한 자들을 멸절하리라

새번역 주를 등지고 돌아선 자들, 주를 찾지도 않고
아무것도 여쭙지 않는 자들을 내가 없애 버리겠다.

시편 139:13

시편 139:14

잠언 9:10

스바냐 1:6

요한복음 6:27

썩을 양식을 위하여 일하지 말고 영생하도록 있는
양식을 위하여 하라 이 양식은 인자가 너희에게 주리니
인자는 아버지 하나님께서 인치신 자니라

새번역 너희는 썩어 없어질 양식을 얻으려고 일하지 말고, 영생에 이르도록
남아 있을 양식을 얻으려고 일하여라. 이 양식은, 인자가 너희에게 줄 것이다.
아버지 하나님께서 인자를 인정하셨기 때문이다.

마태복음 5:44

나는 너희에게 이르노니
너희 원수를 사랑하며 너희를 박해하는 자를 위하여 기도하라

새번역 그러나 나는 너희에게 말한다.
너희 원수를 사랑하고, 너희를 박해하는 사람을 위하여 기도하여라.

잠언 18:12

사람의 마음의 교만은 멸망의 선봉이요
겸손은 존귀의 길잡이니라

새번역 사람의 마음이 오만하면 멸망이 뒤따르지만, 겸손하면 영광이 뒤따른다.

마태복음 18:3

이르시되 진실로 너희에게 이르노니 너희가 돌이켜
어린아이들과 같이 되지 아니하면 결단코 천국에 들어가지 못하리라

새번역 말씀하셨다. "내가 진정으로 너희에게 말한다. 너희가 돌이켜서
어린이들과 같이 되지 않으면, 절대로 하늘나라에 들어가지 못할 것이다."

요한복음 6:27

마태복음 5:44

잠언 18:12

마태복음 18:3

로마서 10:9 네가 만일 네 입으로 예수를 주로 시인하며 또 하나님께서 그를 죽은 자 가운데서 살리신 것을 네 마음에 믿으면 구원을 받으리라

새번역 당신이 만일 예수는 주님이라고 입으로 고백하고, 하나님께서 그를 죽은 사람들 가운데서 살리신 것을 마음으로 믿으면 구원을 얻을 것입니다.

로마서 10:10 사람이 마음으로 믿어 의에 이르고 입으로 시인하여 구원에 이르느니라

새번역 사람은 마음으로 믿어서 의에 이르고, 입으로 고백해서 구원에 이르게 됩니다.

이사야 45:18 대저 여호와께서 이같이 말씀하시되 하늘을 창조하신 이 그는 하나님이시니 그가 땅을 지으시고 그것을 만드셨으며 그것을 견고하게 하시되 혼돈하게 창조하지 아니하시고 사람이 거주하게 그것을 지으셨으니 나는 여호와라 나 외에 다른 이가 없느니라

새번역 하늘을 창조하신 주, 땅을 창조하시고 조성하신 하나님, 땅을 견고하게 하신 분이 말씀하신다. 그분은 땅을 혼돈 상태로 창조하신 것이 아니라, 사람이 살 수 있게 만드신 분이다. "나는 주다. 나밖에 다른 신은 없다."

로마서 10:9

로마서 10:10

이사야 45:18

마태복음 16:16 시몬 베드로가 대답하여 이르되
주는 그리스도시요 살아 계신 하나님의 아들이시니이다
새번역 시몬 베드로가 대답하였다.
"선생님은 살아 계신 하나님의 아들 그리스도십니다."

골로새서 2:7 그 안에 뿌리를 박으며 세움을 받아 교훈을 받은 대로
믿음에 굳게 서서 감사함을 넘치게 하라
새번역 여러분은 그분 안에 뿌리를 박고, 세우심을 입어서, 가르침을 받은 대로
믿음을 굳게 하여 감사의 마음이 넘치게 하십시오.

호세아 10:12 너희가 자기를 위하여 공의를 심고 인애를 거두라
너희 묵은 땅을 기경하라 지금이 곧 여호와를 찾을 때니
마침내 여호와께서 오사 공의를 비처럼 너희에게 내리시리라
새번역 '정의를 뿌리고 사랑의 열매를 거두어라. 지금은 너희가 주를 찾을 때이다.
묵은 땅을 갈아엎어라. 나 주가 너희에게 가서 정의를 비처럼 내려 주겠다.'

묵상하기

호세아 10장 12절은 이스라엘 백성의 삶을 농사에 비유하고 있습니다. 하나님은 죄의 수렁에 빠져 있는 이스라엘에게 이제는 공의로 심고 변함없는 사랑을 거두라고 말씀하십니다. 이스라엘의 마음과 영혼은 결실이 없는 묵은 땅 같아서 갈아엎어야 합니다. 회개하고 새롭게 되어야 결실을 맺을 수 있습니다. 그러나 여전히 이스라엘은 공의가 아닌 죄를 심어 악을 거두고 있었습니다(호 10:13).

마태복음 16:16

골로새서 2:7

호세아 10:12

갈라디아서 6:7 스스로 속이지 말라 하나님은 업신여김을 받지 아니하시나니 사람이 무엇으로 심든지 그대로 거두리라

새번역 자기를 속이지 마십시오. 하나님은 조롱을 받으실 분이 아니십니다. 사람은 무엇을 심든지, 심은 대로 거둘 것입니다.

누가복음 6:35 오직 너희는 원수를 사랑하고 선대하며 아무것도 바라지 말고 꾸어 주라 그리하면 너희 상이 클 것이요 또 지극히 높으신 이의 아들이 되리니 그는 은혜를 모르는 자와 악한 자에게도 인자하시니라

새번역 그러나 너희는 너희 원수를 사랑하고, 좋게 대하여 주고, 또 아무것도 바라지 말고 꾸어 주어라. 그리하면 너희는 큰 상을 받을 것이요, 더없이 높으신 분의 아들이 될 것이다. 그분은 은혜를 모르는 사람들과 악한 사람들에게도 인자하시다.

예레미야 9:24 자랑하는 자는 이것으로 자랑할지니 곧 명철하여 나를 아는 것과 나 여호와는 사랑과 정의와 공의를 땅에 행하는 자인 줄 깨닫는 것이라 나는 이 일을 기뻐하노라 여호와의 말씀이니라

새번역 오직 자랑하고 싶은 사람은, 이것을 자랑하여라. 나를 아는 것과, 나 주가 긍휼과 공평과 공의를 세상에 실현하는 하나님인 것과, 내가 이런 일 하기를 좋아한다는 것을, 깨달아 알 만한 지혜를 가지게 되었음을, 자랑하여라. 나 주의 말이다.

갈라디아서 6:7

누가복음 6:35

예레미야 9:24

마태복음 7:13 좁은 문으로 들어가라 멸망으로 인도하는 문은 크고
그 길이 넓어 그리로 들어가는 자가 많고

새번역 좁은 문으로 들어가거라. 멸망으로 이끄는 문은 넓고,
그 길이 널찍하여서, 그리로 들어가는 사람이 많다.

누가복음 15:32 이 네 동생은 죽었다가 살아났으며 내가 잃었다가 얻었기로
우리가 즐거워하고 기뻐하는 것이 마땅하다 하니라

새번역 그런데 너의 이 아우는 죽었다가 살아났고,
내가 잃었다가 되찾았으니, 즐기며 기뻐하는 것이 마땅하다.

예레미야 17:9 만물보다 거짓되고 심히 부패한 것은 마음이라
누가 능히 이를 알리요마는

새번역 "만물보다 더 거짓되고 아주 썩은 것은 사람의 마음이니,
누가 그 속을 알 수 있습니까?"

묵상하기

생명의 길이 오직 예수님뿐이라는 점에서 이 길은 분명 좁은 길입니다. 넓은 길을 선택한다면 그 쉬운 길은 멸망으로 인도할 것입니다. 오직 그리스도를 믿음으로써 주시는 구원이라는 엄밀하게 정의된 문만이 영원한 생명으로 인도하는 하나님의 길입니다.

마태복음 7:13

누가복음 15:32

예레미야 17:9

히브리서 12:1

이러므로 우리에게 구름같이 둘러싼 허다한 증인들이 있으니
모든 무거운 것과 얽매이기 쉬운 죄를 벗어 버리고
인내로써 우리 앞에 당한 경주를 하며

새번역 그러므로 이렇게 구름 떼와 같이 수많은 증인이 우리를 둘러싸고 있으니,
우리도 갖가지 무거운 짐과 얽매는 죄를 벗어버리고,
우리 앞에 놓인 달음질을 참으면서 달려갑시다.

히브리서 12:2

믿음의 주요 또 온전하게 하시는 이인 예수를 바라보자
그는 그 앞에 있는 기쁨을 위하여 십자가를 참으사
부끄러움을 개의치 아니하시더니 하나님 보좌 우편에 앉으셨느니라

새번역 믿음의 창시자요 완성자이신 예수를 바라봅시다. 그는 자기 앞에 놓여 있는
기쁨을 내다보고서, 부끄러움을 마음에 두지 않으시고, 십자가를 참으셨습니다.
그리하여 그는 하나님의 보좌 오른쪽에 앉으셨습니다.

요엘 2:23

시온의 자녀들아 너희는 너희 하나님 여호와로 말미암아
기뻐하며 즐거워할지어다 그가 너희를 위하여 비를 내리시되
이른 비를 너희에게 적당하게 주시리니 이른 비와 늦은 비가
예전과 같을 것이라

새번역 시온에 사는 사람들아, 주 너희의 하나님과 더불어 기뻐하고 즐거워하여라.
주님께서 너희를 변호하여 가을비를 내리셨다. 비를 흡족하게 내려주셨으니,
옛날처럼 가을비와 봄비를 내려 주셨다.

히브리서 12:1

히브리서 12:2

요엘 2:23

로마서 6:23 죄의 삯은 사망이요
하나님의 은사는 그리스도 예수 우리 주 안에 있는 영생이니라

새번역 죄의 삯은 죽음이요,
하나님의 선물은 우리 주 예수 그리스도 안에서 누리는 영원한 생명입니다.

베드로전서 2:24 친히 나무에 달려 그 몸으로 우리 죄를 담당하셨으니
이는 우리로 죄에 대하여 죽고 의에 대하여 살게 하려 하심이라
그가 채찍에 맞음으로 너희는 나음을 얻었나니

새번역 그는 우리 죄를 자기의 몸에 몸소 지시고서, 나무에 달리셨습니다.
그것은, 우리가 죄에는 죽고 의에는 살게 하시려는 것이었습니다.
그가 매를 맞아 상함으로 여러분이 나음을 얻었습니다.

누가복음 16:10 지극히 작은 것에 충성된 자는 큰 것에도 충성되고
지극히 작은 것에 불의한 자는 큰 것에도 불의하니라

새번역 지극히 작은 일에 충실한 사람은 큰 일에도 충실하고,
지극히 작은 일에 불의한 사람은 큰 일에도 불의하다.

로마서 6:23

베드로전서 2:24

누가복음 16:10

갈라디아서 5:22 오직 성령의 열매는 사랑과 희락과 화평과
오래 참음과 자비와 양선과 충성과

새번역 그러나 성령의 열매는 사랑과 기쁨과 화평과 인내와 친절과 선함과 신실과

갈라디아서 5:23 온유와 절제니 이 같은 것을 금지할 법이 없느니라

새번역 온유와 절제입니다. 이런 것들을 막을 법이 없습니다.

미가 6:8 사람아 주께서 선한 것이 무엇임을 네게 보이셨나니
여호와께서 네게 구하시는 것은 오직 정의를 행하며
인자를 사랑하며 겸손하게 네 하나님과 함께 행하는 것이 아니냐

새번역 너 사람아, 무엇이 착한 일인지를 주님께서 이미 말씀하셨다.
주님께서 너에게 요구하시는 것이 무엇인지도 이미 말씀하셨다.
오로지 공의를 실천하며 인자를 사랑하며
겸손히 네 하나님과 함께 행하는 것이 아니냐!

아모스 5:24 오직 정의를 물같이, 공의를 마르지 않는 강같이 흐르게 할지어다

새번역 너희는, 다만 공의가 물처럼 흐르게 하고,
정의가 마르지 않는 강처럼 흐르게 하여라.

갈라디아서 5:22

갈라디아서 5:23

미가 6:8

아모스 5:24

에베소서 6:1 자녀들아 주 안에서 너희 부모에게 순종하라 이것이 옳으니라

새번역 자녀 된 이 여러분, [주 안에서] 여러분의 부모에게 순종하십시오.
이것이 옳은 일입니다.

에베소서 6:2 네 아버지와 어머니를 공경하라 이것은 약속이 있는 첫 계명이니

새번역 "네 부모를 공경하라"고 하신 계명은, 약속이 딸려 있는 첫째 계명입니다.

에베소서 6:3 이로써 네가 잘되고 땅에서 장수하리라

새번역 "네가 잘 되고, 땅에서 오래 살 것이다" 하신 약속입니다.

에베소서 6:4 또 아비들아 너희 자녀를 노엽게 하지 말고
오직 주의 교훈과 훈계로 양육하라

새번역 또 아버지 된 이 여러분, 여러분의 자녀를 노엽게 하지 말고,
주님의 훈련과 훈계로 기르십시오.

에베소서 6:1

에베소서 6:2

에베소서 6:3

에베소서 6:4

호세아 4:1b 이 땅에는 진실도 없고 인애도 없고 하나님을 아는 지식도 없고

새번역 이 땅에는 진실도 없고, 사랑도 없고, 하나님을 아는 지식도 없다.

호세아 4:6 내 백성이 지식이 없으므로 망하는도다 네가 지식을 버렸으니
나도 너를 버려 내 제사장이 되지 못하게 할 것이요
네가 네 하나님의 율법을 잊었으니 나도 네 자녀들을 잊어버리리라

새번역 내 백성이 나를 알지 못하여 망한다. 네가 제사장이라고 하면서
내가 가르쳐 준 것을 버리니, 나도 너를 버려서 네가 다시는 나의 성직을
맡지 못하도록 하겠다. 네 하나님의 율법을 네가 마음에 두지 않으니,
나도 네 아들딸들을 마음에 두지 않겠다.

히브리서 11:1 믿음은 바라는 것들의 실상이요 보이지 않는 것들의 증거니

새번역 믿음은 바라는 것들의 확신이요, 보이지 않는 것들의 증거입니다.

히브리서 11:6 믿음이 없이는 하나님을 기쁘시게 하지 못하나니
하나님께 나아가는 자는 반드시 그가 계신 것과
또한 그가 자기를 찾는 자들에게 상 주시는 이심을 믿어야 할지니라

새번역 믿음이 없이는 하나님을 기쁘게 해드릴 수 없습니다.
하나님께 나아가는 사람은, 하나님이 계시다는 것과,
하나님은 자기를 찾는 사람들에게 상을 주시는 분이시라는 것을 믿어야 합니다.

호세아 4:1b

호세아 4:6

히브리서 11:1

히브리서 11:6

고린도후서 10:5 하나님 아는 것을 대적하여 높아진 것을 다 무너뜨리고
모든 생각을 사로잡아 그리스도에게 복종하게 하니

새번역 하나님을 아는 지식을 가로막는 모든 교만을 쳐부수고,
모든 생각을 사로잡아서, 그리스도께 복종시킵니다.

사도행전 2:32 이 예수를 하나님이 살리신지라 우리가 다 이 일에 증인이로다

새번역 이 예수를 하나님께서 살리셨습니다. 우리는 모두 이 일의 증인입니다.

에베소서 3:12 우리가 그 안에서 그를 믿음으로 말미암아
담대함과 확신을 가지고 하나님께 나아감을 얻느니라

새번역 우리는 그리스도를 믿음으로써, 그분 안에서 확신을 가지고,
담대하게 하나님께 나아갑니다.

묵상하기

부활이 없었다면 예수님의 죽음은 고귀하지만 비참한 것이었을 것입니다. 그러나 예수님은 죽음의 권세를 깨뜨리고 부활의 첫 열매가 되셨습니다. 제자들은 이를 목격했으며 이에 대한 증인이었습니다(행 2:32).
예수님의 부활은 모든 그리스도인에게 부활의 소망을 주신 사건입니다. 또한 그리스도인은 이를 증언하는 증인이며, 마지막 때에 예수님을 따라 육체가 부활할 것을 소망하며 기다리는 자들입니다.

고린도후서 10:5

사도행전 2:32

에베소서 3:12

로마서 3:23 모든 사람이 죄를 범하였으매 하나님의 영광에 이르지 못하더니

새번역 모든 사람이 죄를 범하였습니다.
그래서 사람은 하나님의 영광에 못 미치는 처지에 놓여 있습니다.

로마서 3:24 그리스도 예수 안에 있는 속량으로 말미암아
하나님의 은혜로 값없이 의롭다 하심을 얻은 자 되었느니라

새번역 그러나 사람은, 그리스도 예수 안에서 얻는 구원으로 말미암아,
하나님의 은혜로 값없이 의롭다는 선고를 받습니다.

말라기 4:4 너희는 내가 호렙에서 온 이스라엘을 위하여
내 종 모세에게 명령한 법 곧 율례와 법도를 기억하라

새번역 너희는 율법, 곧 율례와 법도를 기억하여라. 그것은 내가 호렙 산에서
내 종 모세를 시켜서, 온 이스라엘이 지키도록 이른 것이다.

묵상하기

예수 그리스도의 속량하심(우리를 대신하여 죗값을 지불하신 것)을 믿는 모든 사람은 그리스도가 획득하신 '하나님의 의'를 얻게 됩니다(롬 3:22). 이 의(義)는 오직 하나님의 은혜로만 값없이 얻게 되는 것입니다(24절). 실제로 의로운 것이 아니라 재판장이신 하나님이 예수님의 대속을 근거로 죄인인 우리를 의롭다고 여겨주시는 것이지요. 예수 그리스도의 의를 우리의 의로 여겨주시는 것입니다. 이는 오직 하나님의 은혜로 그리스도에 대한 믿음(수단, 도구)을 통해서만 의롭다고 여겨지는 것입니다.

로마서 3:23

로마서 3:24

말라기 4:4

디모데후서 4:7 나는 선한 싸움을 싸우고
나의 달려갈 길을 마치고 믿음을 지켰으니

새번역 나는 선한 싸움을 다 싸우고, 달려갈 길을 마치고, 믿음을 지켰습니다.

디모데후서 4:8 이제 후로는 나를 위하여 의의 면류관이 예비되었으므로
주 곧 의로우신 재판장이 그 날에 내게 주실 것이며
내게만 아니라 주의 나타나심을 사모하는 모든 자에게도니라

새번역 이제는 나를 위하여 의의 면류관이 마련되어 있으므로, 의로운 재판장이신
주님께서 그 날에 그것을 나에게 주실 것이며, 나에게만이 아니라
주님께서 나타나시기를 사모하는 모든 사람에게도 주실 것입니다.

에베소서 6:14 그런즉 서서 진리로 너희 허리 띠를 띠고 의의 호심경을 붙이고

새번역 그러므로 여러분은 진리의 허리띠로 허리를 동이고
정의의 가슴막이로 가슴을 가리고 버티어 서십시오.

에베소서 6:15 평안의 복음이 준비한 것으로 신을 신고

새번역 발에는 평화의 복음을 전할 차비를 하십시오.

디모데후서 4:7

디모데후서 4:8

에베소서 6:14

에베소서 6:15

에베소서 6:16 모든 것 위에 믿음의 방패를 가지고
이로써 능히 악한 자의 모든 불화살을 소멸하고

새번역 이 모든 것에 더하여 믿음의 방패를 손에 드십시오. 그것으로써
여러분은 악한 자가 쏘는 모든 불화살을 막아 꺼버릴 수 있을 것입니다.

에베소서 6:17 구원의 투구와 성령의 검 곧 하나님의 말씀을 가지라

새번역 그리고 구원의 투구를 받고 성령의 검 곧 하나님의 말씀을 받으십시오.

에베소서 6:18 모든 기도와 간구를 하되 항상 성령 안에서 기도하고
이를 위하여 깨어 구하기를 항상 힘쓰며 여러 성도를 위하여 구하라

새번역 온갖 기도와 간구로 언제나 성령 안에서 기도하십시오.
이것을 위하여 늘 깨어서 끝까지 참으면서 모든 성도를 위하여 간구하십시오.

묵상하기

바울은 에베소서의 마지막 부분에서 보이지 않는 영적 싸움에 우리가 참전해 있다고 말합니다. 그 싸움의 대적은 "통치자들과 권세자들과 이 어둠의 세상 주관자들과 하늘에 있는 악의 영들"(엡 6:12)입니다. 그렇기 때문에 그리스도인은 '하나님의 전신 갑주'를 입어야 합니다. 이 전신 갑주는 '진리' '복음' '믿음' '구원' '성령' '하나님의 말씀'(14-17절)입니다. 결국 우리의 영적인 무기는 그리스도를 통해 우리에게 주어진 것들이지요. 우리에게 주신 이러한 무기를 잘 준비하고 있어야만 영적 전쟁에서 승리할 수 있습니다.

에베소서 6:16

에베소서 6:17

에베소서 6:18

에베소서 4:32 서로 친절하게 하며 불쌍히 여기며 서로 용서하기를 하나님이 그리스도 안에서 너희를 용서하심과 같이 하라

새번역 서로 친절히 대하며, 불쌍히 여기며, 하나님께서 그리스도 안에서 여러분을 용서하신 것과 같이, 서로 용서하십시오.

히브리서 12:14 모든 사람과 더불어 화평함과 거룩함을 따르라 이것이 없이는 아무도 주를 보지 못하리라

새번역 모든 사람과 더불어 화평하게 지내고, 거룩하게 살기를 힘쓰십시오. 거룩해지지 않고서는, 아무도 주님을 뵙지 못할 것입니다.

고린도전서 10:31 그런즉 너희가 먹든지 마시든지 무엇을 하든지 다 하나님의 영광을 위하여 하라

새번역 그러므로 여러분은 먹든지 마시든지, 무슨 일을 하든지, 모든 것을 하나님의 영광을 위하여 하십시오.

고린도전서 15:51 보라 내가 너희에게 비밀을 말하노니 우리가 다 잠 잘 것이 아니요 마지막 나팔에 순식간에 홀연히 다 변화되리니

새번역 보십시오, 내가 여러분에게 비밀을 하나 말씀드리겠습니다. 우리가 다 잠들 것이 아니라, 다 변화할 터인데,

에베소서 4:32

히브리서 12:14

고린도전서 10:31

고린도전서 15:51

로마서 14:17 하나님의 나라는 먹는 것과 마시는 것이 아니요
오직 성령 안에 있는 의와 평강과 희락이라

새번역 하나님의 나라는 먹는 일과 마시는 일이 아니라, 성령 안에서 누리는 의와 평화와 기쁨입니다.

요한계시록 2:17 귀 있는 자는 성령이 교회들에게 하시는 말씀을 들을지어다
이기는 그에게는 내가 감추었던 만나를 주고 또 흰 돌을 줄 터인데
그 돌 위에 새 이름을 기록한 것이 있나니
받는 자밖에는 그 이름을 알 사람이 없느니라

새번역 귀가 있는 사람은, 성령이 교회들에 하시는 말씀을 들어라. 이기는 사람에게는 내가, 감추어 둔 만나를 주겠고, 흰 돌도 주겠다. 그 돌에는 새 이름이 적혀 있는데, 그 돌을 받는 사람밖에는 아무도 그것을 알지 못한다.

베드로후서 3:18 오직 우리 주 곧 구주 예수 그리스도의 은혜와 그를 아는 지식에서
자라 가라 영광이 이제와 영원한 날까지 그에게 있을지어다

새번역 우리의 주님이시며 구주이신 그리스도 예수에 대한 지식과 그의 은혜 안에서 자라십시오. 이제도 영원한 날까지도 영광이 주님께 있기를 빕니다. [아멘.]

로마서 14:17

요한계시록 2:17

베드로후서 3:18

로마서 1:20 창세로부터 그의 보이지 아니하는 것들 곧 그의 영원하신
능력과 신성이 그가 만드신 만물에 분명히 보여 알려졌나니
그러므로 그들이 핑계하지 못할지니라

새번역 이 세상 창조 때로부터, 하나님의 보이지 않는 속성, 곧 그분의 영원하신
능력과 신성은, 사람이 그 지으신 만물을 보고서 깨닫게 되어 있습니다.
그러므로 사람들은 핑계를 댈 수가 없습니다.

요한계시록 21:1 또 내가 새 하늘과 새 땅을 보니
처음 하늘과 처음 땅이 없어졌고 바다도 다시 있지 않더라

새번역 나는 새 하늘과 새 땅을 보았습니다.
이전의 하늘과 이전의 땅이 사라지고, 바다도 없어졌습니다.

시편 150:6 호흡이 있는 자마다 여호와를 찬양할지어다 할렐루야

새번역 숨쉬는 사람마다 주님을 찬양하여라. 할렐루야.

묵상하기

'할렐루야'는 회중을 향해 함께 찬양할 것을 명령하는 '할렐루'와 하나님의 이름 '여호와'(야웨)의 축약형인 '야'가 합쳐진 것으로, '여호와 하나님을 찬양하라!'는 명령입니다. '할렐루'의 어근 '할랄'은 원래 태양이 빛을 비추는 것을 묘사하는 단어인데, 이후에 '자랑하다' '찬양하다'의 뜻도 갖게 되었지요. 여기서는 어떤 대상의 뛰어난 속성이나 위대한 행동에 대해 마음 깊은 곳으로부터 진심으로 감사하며 찬양하는 것을 의미합니다. 약 3분의 1이 시편에 나오는데, 그중에서도 명령적 권고인 '할렐루야'로 표현된 구절이 가장 많습니다.

로마서 1:20

요한계시록 21:1

시편 150:6

수고하고 무거운 짐 진 자들아 다 내게로 오라
내가 너희를 쉬게 하리라

_마태복음 11장 28절